„Politik – eine Sache der Parteien?"

Themenheft Politik

mitmischen

Ernst Klett Verlag
Stuttgart · Leipzig

1. Auflage   A 1 ⁵ ⁴ ³ ² ¹ | 2011 2010 2009 2008 2007

Alle Drucke dieser Auflage können im Unterricht nebeneinander benutzt werden, sie sind untereinander unverändert. Die letzte Zahl bezeichnet das Jahr dieses Druckes.
Das Werk und seine Teile sind urheberrechtlich geschützt. Jede Nutzung in anderen als den gesetzlich zugelassenen Fällen bedarf der vorherigen schriftlichen Einwilligung des Verlages. Hinweis zu § 52a UrhG: Weder das Werk noch seine Teile dürfen ohne eine solche Einwilligung eingescannt und in ein Netzwerk eingestellt werden. Dies gilt auch für Intranets von Schulen und sonstigen Bildungseinrichtungen.

Fotomechanische oder andere Wiedergabeverfahren nur mit Genehmigung des Verlages.

© Ernst Klett Verlag GmbH, Stuttgart 2007.
Alle Rechte vorbehalten.
www.klett.de

Autoren: Klaus-Ulrich Meier
            Viola Rossol-Pfau
            Dr. Antonius Wollschläger

Redaktion: Anja Barthel, Leipzig

Umschlaggestaltung: Kreaktor GmbH, Hannover
Reproduktion: Meyle + Müller, Medien-Management, Pforzheim
Druck: J. P. Himmer, Augsburg

Printed in Germany
ISBN-13: 978-3-12-410752-7

Inhalt

Kapitel 1: „Alle Staatsgewalt geht vom Volke aus" 6

Wir mischen mit 8
   Gewusst wie: Wie verfasst man einen Brief, wenn man eine Skateboardanlage haben möchte?

„Die da oben – wir hier unten?" 10
   Politik machen – das geht alle an

Wir leben in einem Rechtsstaat 12
   Rechte und Pflichten für Schülerinnen und Schüler

Geteilte Macht 14
   Gewaltenteilung schützt den Bürger

Wenn die Mehrheit dafür ist 16
   Demokratie ist für alle da

Wenn die Miete zum Problem wird 18
   Wir leben in einem Sozialstaat

Meinungsfreiheit 20
   Heute ein wichtiges Grundrecht

„Einigkeit und Recht und Freiheit" 22
   Wie unser Grundgesetz entstand

In bester Verfassung 24
   mitmischen: Die Klasse 7a gibt sich eine Verfassung

Bürobote Fix 26
   Kapitelende! Wissenswertes über unsere Demokratie

Kapitel 2: Parteien – unsere Interessenvertreter? 28

Politiker = Volksvertreter 30
   Was es bedeutet Interessen zu vertreten

Was sind Parteien? 32
   Von den Anfängen der Parteien und ihren Arbeitsweisen

Von Großen und Kleinen 34
   Die im Deutschen Bundestag vertretenen Parteien

„… könnten Sie uns bitte Material zuschicken?" 36
   Gewusst wie: Wie man Informationsmaterial bearbeitet

Sie haben 2 Stimmen 38
   Erststimme und Zweitstimme – was ist das eigentlich?

Wir vertreten Ihr Interesse! 40
   Interessenverbände nehmen Einfluss

Nicht nur für Alte! 42
   Sich einsetzen in Jugendorganisationen?

Ich BILDe mir eine Meinung 44
   Zeitungen in der demokratischen Gesellschaft

Gute oder schlechte Zeiten? 46
   Das Fernsehen bringt uns die Welt ins Zimmer

Ein rätselhaftes Gebilde 48
   Kapitelende! Ein bekanntes Gebäude wird gesucht

Kapitel 3: Wir machen Gemeindepolitik 50

„Guten Tag, Frau Bürgermeisterin!" 52
   Wie man Bürgermeisterin wird und was man da zu tun hat

Viele Aufgaben – wer löst sie? 54
   Von den Aufgaben einer Stadtverwaltung

Hauptsache, der Dreck ist weg 56
   Wie kriegen wir den ganzen Müll wieder weg?

Und was ist, wenn's mal regnet? 58
   Gewusst wie: Wer mit Zahlen umgehen kann, hat die besseren Argumente

Eine Rampe wird gebraucht 60
   Ein Klasse setzt sich für Behinderte ein

Mitwirken in der Gemeinde 62
   Kapitelende! Rund um die Gemeinde

Kapitel —Kapitelsymbol

So arbeitet ihr

Das Themenheft hat drei Kapitel. Diese beginnen mit einer Auftakt-Doppelseite. Bilder und ein kurzer Text sagen dir, worum es in diesem Thema geht.

Auf einer Doppelseite steht unter dem Kartensymbol „mitmischen!". Auf dieser Seite wird ein Projekt vorgestellt, das ihr ausprobieren könnt. Genaue Anleitungen helfen euch dabei.

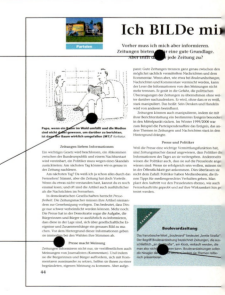

Jedes der Kapitel ist in mehrere Themen unterteilt, für jedes Thema gibt es eine Doppelseite. Damit du siehst, zu welchem Kapitel das Thema gehört, hat jede Doppelseite ein Kapitelsymbol. Das Kapitelsymbol enthält auch die Kapitelüberschrift.

Unter der Überschrift findest du einen kleinen Einführungstext. So kannst du schnell sehen, worum es auf dieser Seite geht.

Bilder, Karten und Quellentexte auf jeder Doppelseite sind durchnummeriert. Das sieht dann zum Beispiel so aus: (M1). Wie du mit diesen Materialien umgehst, lernst du im Unterricht, aber auch die Doppelseiten „Gewusst wie" helfen dabei.

Der Text, den die Autorinnen und Autoren für dich geschrieben haben, ist durch Zwischenüberschriften gegliedert.

mit diesem Themenheft

Findest du unter dem Kapitelsymbol das Wort „Kapitelende!" darfst du gespannt sein, denn hier gibt es Rätsel, Spiele oder auch ein Quiz.
Die Lösungen sind kein Problem, denn mit dem Themenheft kannst du dich dafür fit machen.

Wenn unter dem Kapitelsymbol „Gewusst wie" steht, dann weißt du sofort, hier wird eine Methode vorgestellt, die dir beim Lernen helfen kann, z. B. *eine Zählung organisieren* oder *Informationsmaterial bearbeiten*.
Ein Glühlämpchen steht an der Stelle, wo die Methode beschrieben wird.
Am Schluss des Themenheftes findest du auch eine Zusammenstellung wichtiger Namen und Begriffe. Die Seitenzahl zeigt an, wo du ausführlich darüber nachlesen kannst.

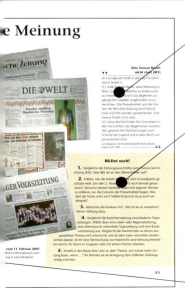

Quellentexte sind Texte aus anderen Büchern oder Briefe, Tagebücher und Urkunden. Du erkennst sie an den sehr großen An- und Abführungszeichen.

Natürlich gibt es auch *Aufgaben*, die meistens in einem farbigen Kästchen stehen.

Wichtige Begriffe und schwierige Wörter erklärt dir ein *Mini-Lexikon*.

„... geht vom Volke aus"

»Alle Staatsgewalt
Grundgesetz, Artikel 20, Absatz 2

„Alle Staatsgewalt geht vom Volke aus." So steht es im Grundgesetz der Bundesrepublik Deutschland.

Aber was bedeutet es, wenn „das Volk" die Macht im Staat hat? Schließlich besteht es aus vielen Einzelnen, die unterschiedliche Vorstellungen, Wünsche und Interessen haben.

Wie findet man „Spielregeln", die für alle Staatsbürger annehmbar sind und nach denen politisch gehandelt werden kann?

Und wer sorgt dafür, dass die Regeln eingehalten werden?

In diesem Kapitel erfahrt ihr ...

wie man in einem Brief an Politiker seine Forderungen formuliert ...

wie die Demokratie bei uns garantiert wird ...

Ein wichtiger Brief (M2). Jugendliche aus Mansbach diskutieren das Antwortschreiben des Gemeinderates.

Richterinnen und Richter des Bundesverfassungsgerichts (M3). Sie sorgen für die Einhaltung der Verfassung.

geht vom Volke aus«

Blick in den Plenarsaal des Bundestages in Berlin (M1).

wie in einer Demokratie die Staatsgewalt aufgeteilt ist …

dass Meinungsfreiheit nicht immer selbstverständlich ist …

und wie unser Grundgesetz entstanden ist.

Landtag in Rheinland-Pfalz (M4). Hier treffen die Abgeordneten wichtige Entscheidungen.

Der Denkerclub (M5). *Anonyme Karikatur um 1825.*

Konrad Adenauer bei der Zählung der Stimmen für das Grundgesetz (M6). Konrad Adenauer wird wenige Monate später erster Bundeskanzler.

„... geht vom Volke aus"

Gewusst wie

Wir mischen mit

In einer Demokratie gibt es viele Möglichkeiten
seine Interessen durchzusetzen –
auch den Bau einer Skateboardanlage

Conny: „Wir Skater haben es nicht leicht. Überall müssen wir weg."

Sven: „Der Krach passt den Leuten auch nicht."

Jasmin: „Und die Omas kriegen Angst, wenn wir etwas schärfer fahren."

Tom: „Aber wo sollen wir hin?"

Jasmin: „Hier könnte doch die Gemeinde einen Platz für uns anlegen."

Tom: „Wir müssten die Leute im Gemeinderat halt davon überzeugen."

Sven: „Auf uns hört ja doch keiner."

Jasmin: „Vielleicht doch, wenn wir es geschickt anstellen."

Conny: „Wir könnten Briefe schreiben an alle Leute, die hier was zu sagen haben."

Sven: „Oder Flugblätter verteilen."

Tom: „Oder eine Demo machen."

Die Jugendlichen einigten sich schließlich darauf Briefe zu schreiben. Ein Brief ging an den Bürgermeister, je einer an die Vorsitzenden der in der Gemeinde arbeitenden Parteien. Und schon bald kamen die ersten Antworten:

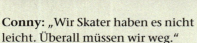

Leider im Augenblick kein Geld ...

Schwierigkeiten zu befürchten ...

Nicht unsere Aufgabe ...

Erst der vierte Brief schien ein Erfolg zu sein. „Wir interessieren uns für eure Anfrage und können uns vorstellen euer Anliegen als Antrag im Gemeinderat zu stellen. Wir sollten uns aber vorher erst unterhalten."

Na, das war doch was. Die Gruppe war erleichtert. Der Vorsitzende einer Partei wollte sich für sie einsetzen. Da konnte vielleicht etwas daraus werden. Die Skatergruppe wusste aber, dass sie dieses Gespräch genau vorbereiten musste.

Gewusst wie

Briefe an Ämter oder wichtige Personen schreiben

1. **Schreibe** deinen Namen und deine Adresse auf den Briefbogen. Vergiss auch das Datum nicht.

2. **Setze** den Namen des Empfängers, seine Funktion und seine genaue Anschrift darunter.

3. **Formuliere** kurz worum es in deinem Brief geht.

4. **Beginne** mit einer höflichen Anrede.

5. **Stelle dich kurz vor,** erkläre dein Problem und schreibe auf, welche Unterstützung du erwartest. Vielleicht kannst du eigene Überlegungen zur Lösung des Problems anbieten.

6. **Beende** den Brief mit einer freundlichen Verabschiedung und deiner Unterschrift.

Worauf sollte man beim Schreiben an Ämter oder wichtige Personen achten?

Für Sven, Conny und die anderen war es gar nicht so einfach einen solchen Brief zu verfassen, denn sie mussten eine ganze Menge dabei beachten. Aber schließlich hatten sie es geschafft und so sah der Brief aus:

Sven Hartmann   27. 8. 2006 — Datum nicht vergessen!
Trockenbachweg 7
41781 Mansbach — Name und Anschrift des Absenders
Sprecher der Skatergruppe

An den
Vorsitzenden des SPD-Ortsvereins
Herrn Ulrich Kniddel — Name des Empfängers und seine Funktion
Grotenbachweg 2
41781 Mansbach — Genaue Anschrift des Empfängers

Bau einer Skateboardanlage — Kurze Beschreibung: Worum geht es?

Sehr geehrter Herr Kniddel, — Höfliche Anrede
Wir sind eine Gruppe von Jugendlichen aus Mansbach und haben ein Problem. Seit einigen Monaten suchen wir einen Platz für unser Hobby, das Skaten. Leider werden wir überall vertrieben. Deswegen sollte es in unserer Gemeinde eine Anlage geben, auf der wir in Ruhe unseren Sport ausüben können. Vielleicht könnten wir ja auch in einem Gespräch unseren Wunsch genauer darstellen.
Wir hoffen, dass Sie uns verstehen und freuen uns auf Ihre Antwort — Wer sind wir? Was ist unser Problem? Was wollen wir? Wie können Sie uns unterstützen?

Mit freundlichen Grüßen — Freundliche Verabschiedung

— Unterschrift

Aufgaben zum Mitmischen

1. In welchen Schritten geht die Skatergruppe vor um ihre Interessen durchzusetzen?

2. Überlegt in der Gruppe, wie es weitergehen könnte.

3. Bereitet in Gruppen das Gespräch mit dem Vorsitzenden der Partei vor. Worauf muss in der Vorbereitung unbedingt geachtet werden? Wer übernimmt welche Aufgaben in dem Gespräch?

4. Was bedeutet in dem hier beschrieben Fall das Wort „Mitbestimmung"?

"... geht vom Volke aus"

„Die da oben –

„Die Politiker machen sowieso, was sie wollen!", heißt es. Aber müssen wir wirklich alles hinnehmen, was von „oben" kommt?

Die „da oben"

Svens Vater schimpft: „Jetzt will die Regierung schon wieder die Benzinsteuer erhöhen, dabei wird eh immer alles teurer! Den Politikern scheint es egal zu sein, ob ich für die Fahrt zur Arbeit immer mehr bezahlen muss. Aber unsereins kann ja doch nichts ändern."

So wie Svens Vater denken viele. Haben die „einfachen Leute" wirklich keine Möglichkeit etwas zu ändern?

Die Macht der Bürgerinnen und Bürger

Viele Menschen haben sich an das Schimpfen auf „die da oben" so sehr gewöhnt, dass sie etwas Wichtiges übersehen: Bei uns haben alle Politiker immer nur Macht für eine bestimmte Zeit. In regelmäßigen Abständen werden die Bürgerinnen und Bürger aufgerufen zu entscheiden, ob sie mit der Regierung einverstanden sind oder eine andere Regierung haben wollen: Es finden Wahlen statt.

Svens Vater könnte also bei der nächsten Wahl seine Stimme denen geben, die sich dafür aussprechen die Benzinsteuer nicht zu erhöhen oder mehr preiswerte und gut funktionierende öffentliche Verkehrsmittel einzusetzen. Entscheiden sich viele Menschen so wie er, dann kommt eine andere Regierung an die Macht, die vielleicht manches anders macht.

Doch nicht nur bei Wahlen ist die Meinung der Menschen gefragt. Man kann auch anders Einfluss nehmen, zum Beispiel an Demonstrationen teilnehmen, Bürgerinitiativen gründen oder in Parteien mitarbeiten.

„Alle Staatsgewalt geht vom Volke aus"

So steht es in unserem Grundgesetz. In unserer Demokratie haben die Bürgerinnen und Bürger die letzte Entscheidung darüber, wer für eine begrenzte Zeit sagen darf, was gemacht werden soll. Die „Staatsgewalt" geht also vom Volk aus.

Damit jeder aber auch wirklich entscheiden kann, sagen die Politiker, die sich zur Wahl stellen, was sie vorhaben. Bevor sie ihre Stimmen abgeben, sollen sich die Wählerinnen und Wähler schließlich genau informieren können, was Politiker und Parteien für Ziele haben.

Die gewählten Frauen und Männer beschließen dann die Gesetze und sorgen dafür, dass diese eingehalten werden. Dabei werden sie von Angestellten des Staates unterstützt, beispielsweise von Polizisten, Richtern und Mitarbeitern der Städte und Gemeinden.

Zwei Sichten auf die Demokratie (M1). *Karikatur von Gerhard Mester.*

Demokratische Aufgaben

1. Das Wort „Demokratie" kommt aus dem Griechischen und heißt „Volksherrschaft". Setzt euch in Gruppen zusammen und überlegt, wie bei uns die Herrschaft des Volkes verwirklicht wird (M1, M2).

2. Wir wird man in der Bundesrepublik Bundeskanzler? Benutze zur Antwort M2.

3. „Eine Demokratie funktioniert nur, wenn alle Bürgerinnen und Bürger gut informiert sind." Nenne verschiedene Möglichkeiten sich zu informieren.

4. Sucht Möglichkeiten, mit denen ihr auf politische Entscheidungen Einfluss nehmen könnt. Schreibt sie auf kleine Kärtchen und pinnt sie an. Diskutiert dann, was man damit erreichen könnte.

5. Bilde Sätze, die du den in M1 dargestellten Personen entgegnen würdest.

wir hier unten?"

Bundestag, Bundesrat und Bundesregierung (M2).

Bundespräsident
- Er ernennt die Bundesregierung.
- Er unterzeichnet Gesetze.

Bundesregierung

Bundeskanzler — schlägt vor → Bundesminister

- Er ist als Regierungschef für die Politik im Lande verantwortlich.
- Er schlägt die Bundesminister vor, die ihm unterstehen.
- Er kann durch eine Mehrheitsentscheidung des Bundestages abgewählt werden.

- Sie kümmern sich um die Einzelheiten in ihrem Verantwortungsbereich (z. B. Finanzen, Innenpolitik).
- Sie sind dem Bundeskanzler verantwortlich und müssen ihm gegenüber Rechenschaft ablegen.

Bundesrat
- Er muss Gesetzesentwürfen zustimmen oder kann sie ablehnen.

Bundestag

- Er erarbeitet und beschließt die Gesetze.
- Er kontrolliert die Bundesregierung.

Bundesversammlung

16 Landesregierungen

16 Länderparlamente

Alle deutschen Staatsbürger über 18 Jahre

Wir leben

„... geht vom Volke aus"

Gesetze gibt es 'ne ganze Menge in unserem Staat. Aber, was haben Schülerinnen und Schüler damit zu tun?

Bei dem schönen Wetter gehe ich doch nicht zur Schule!

Aufgaben

1. Sieh dir die drei Bilder M1 an und finde aus M2 heraus, was die Allgemeine Schulordnung zu den dargestellten Fällen aussagt.

2. Beurteile den im Abschnitt „Gesetze schützen" dargestellten Fall. Wie würdest du entscheiden?

3. Führt eine Diskussion in der Klasse, inwieweit die Hausaufgaben in den einzelnen Fächern dem Kommentar zur Allgemeinen Schulordnung entsprechen (M2). Erkundigt euch beim Schülerrat, welche Möglichkeiten ihr habt gegebenenfalls Änderungen herbei zu führen.

Auch für Schüler gelten Paragraphen

Wer kennt das nicht: Montagmorgen, kein Bock auf Schule und Aufsätze nerven sowieso. Am besten wäre es gar nicht erst hinzugehen. Was soll denn schon passieren? Ist doch meine Sache, ob ich etwas lerne oder nicht.

Doch ganz so einfach ist das nicht. Auch der Schulbesuch und die Pflichten von Schülerinnen und Schülern werden in einem Rechtsstaat durch Gesetze geregelt. So darf zum Beispiel die Polizei einen Schulschwänzer auch gegen seinen Willen in der Schule abliefern. Nachlesen kann man das alles in der *Allgemeinen Schulordnung* eines jeden Bundeslandes.

Gesetze schützen

Das heißt aber nicht, dass sich Schülerinnen und Schüler alles gefallen lassen müssen. Sie werden durch Gesetze vor ungerechten oder falschen Entscheidungen auch

in einem Rechtsstaat

Kein Bock auf Schule (M1).

geschützt. Ein Beispiel: Beim Schulfest ging es heiß her. Die Disco in der Pausenhalle war Spitze. Doch zum Schluss passierte es. Im Gedränge fiel eine Lautsprecherbox um und war kaputt. Eine teure Reparatur wurde nötig. Der Rektor bestellte Sandro, den Schulsprecher, zu sich. Ohne Umschweife sagte er: „Das hätte der Schülerrat besser im Griff haben müssen. Du bist abgesetzt."

Sandro findet keine Worte. Darf der Schulleiter das denn einfach so? Schließlich ist er vom Schülerrat gewählt und darf nur von ihm abgesetzt werden. Der Schülerrat kann gegen die Entscheidung des Rektors bei der Schulbehörde Widerspruch einlegen. Sollte die genauso entscheiden wie der Rektor, kann der Schülerrat Klage beim zuständigen Verwaltungsgericht erheben. Dann entscheidet ein Richter darüber, wer nun Recht hat. Und da hat Sandro gute Chancen.

Auch in der Schule gelten Gesetze (M2)

Aus der Allgemeinen Schulordnung für Nordrhein-Westfalen:
§ 8 Teilnahme am Unterricht Der Schüler ist verpflichtet regelmäßig und pünktlich am Unterricht und an den sonstigen für verbindlich erklärten Schulveranstaltungen teilzunehmen, sich auf den Unterricht vorzubereiten und in ihm mitzuarbeiten, die ihm gestellten Aufgaben auszuführen sowie die erforderlichen Lern- und Arbeitsmittel bereitzuhalten. (…)

§ 21 Leistungsbewertung (…) Verweigert ein Schüler die Leistung, so wird dies wie eine ungenügende Leistung bewertet.

Aus einem Kommentar zur Allgemeinen Schulordnung:
Schwierigkeitsgrad und Umfang der Hausaufgaben müssen der Leistungsfähigkeit der Schüler angemessen sein und ohne fremde Hilfe in angemessener Zeit lösbar sein. (…) Strafarbeiten sind unzulässig.
ASchO und Kommentar von Pöttgen/Zehkühl/Esser. Essen 1981.

Gerichtsverhandlung (M3). Die beteiligten Personen erfüllen unterschiedliche Funktionen: Links der Angeklagte mit seinem Verteidiger, in der Mitte der Richter mit zwei Schöffen (Laienrichtern), rechts der Staatsanwalt, der die Anklage vertritt.

Geteilte Macht

„... geht vom Volke aus"

Eine ganz und gar merkwürdige Geschichte (M1)

Bei Herrn Just, einem Richter des Verwaltungsgerichts läutet das Telefon. Der Bürgermeister ist dran und bittet ihn zu einem dringenden Gespräch.

Als Herr Just ins Dienstzimmer des Bürgermeisters kommt, ist dort schon der Leiter des Schulamtes, Herr Witzlos. Der legt auch gleich los: „Bei Ihnen liegt doch die Klage gegen den Lehrer Pauker auf

Sehr geehrter Herr Witzlos,

hiermit teile ich Ihnen mit, dass ich beim Verwaltungsgericht gegen Lehrer Pauker Klage erhoben habe. Lehrer Pauker hat im Verlauf des vergangenen Schuljahres den Sohn me

dem Tisch. Sie wissen schon, die Eltern eines Schülers haben geklagt, weil der ihren Sohn ein paar Mal hat nachsitzen lassen und mit ein paar Sechsern

Gewaltenteilung schützt

Du hast sicher gleich gemerkt, dass die Geschichte nicht wahr sein kann. Und du hast Recht: Damit so etwas nicht passieren kann, ist in unserem Grundgesetz festgelegt, dass die Macht im Staat geteilt ist. Justiz und Verwaltung sind voneinander unabhängig. Niemand darf den Richterinnen und Richtern in ihre Arbeit hineinreden, ihnen Anweisungen geben oder sie gar unter Druck setzen.

Das gilt auch für Rektoren, Landräte, Minister und den Bundeskanzler. Auch wenn ihnen ein Urteil nicht passt – sie müssen es hinnehmen. Nur die Gesetze, die der Bundestag oder die Landtage verabschiedet haben, sind für die Arbeit der Richter maßgebend. So kann jeder sicher sein vor staatlicher Willkür geschützt zu werden.

Deutschland – ein föderaler Staat

Karin hat Besuch von ihrer Cousine Svenja. Sie war vor einigen Monaten aus Düsseldorf nach Gießen in Hessen gezogen. „Ich gehe jetzt auf eine Gesamtschule", sagt Svenja. „Wieso, hier bist du doch auch zur Hauptschule gegangen", meint Karin. „Klar, aber in unserer Gegend gibt es keine Hauptschulen mehr", entgegnet Svenja. Karin wundert sich: „Ich dachte, das wäre überall gleich." „Nee", sagt Svenja, „bei uns in Hessen ist das anders". Karin und Svenja merken, dass in der Bundesrepublik nicht überall alles gleich geregelt ist. Jedes Bundesland kann über viele Dinge wie beispielsweise die Schule selbst entscheiden. Viele Fragen werden nicht „von ganz oben", also von Berlin aus, geregelt.

So sieht ein Karikaturist die Gewaltenteilung in der Bundesrepublik (M2).

14

**In einer Demokratie ist die Staatsgewalt aufgeteilt.
Das schützt die Bürgerinnen und Bürger vor Machtmissbrauch.
Auch Schüler, die Ärger mit ihrem Rektor haben …**

gezeigt hat, wer der Herr im Hause ist. Nun soll der Bengel die Klasse wiederholen und das passt den Eltern nicht. Ich hoffe doch, dass die Klage abgewiesen wird."

Herr Just hebt die Hände: „Da muss ich erst mal die Akte studieren." „Aber da muss man doch gar nicht lange überlegen" mischt sich nun der Bürgermeister ein.

„Und denken Sie auch daran, dass Sie mal wieder eine Gehaltserhöhung haben wollen."

Auch das ist eine Form der Gewaltenteilung. Die Macht im Staat liegt nicht allein bei der „Zentralgewalt", ein Teil der Macht liegt auch bei den Bundesländern. Das hat für die Bürgerinnen und Bürger viele Vorteile.

So hat jedes Bundesland die Möglichkeit auf die Interessen seiner Bürger einzugehen, als wenn alles von ganz oben und für alle gleich festgelegt würde. Der Fachausdruck für diese Form des Staatsaufbaus heißt „Föderalismus".

Aufgaben, die ungeteilte Aufmerksamkeit erfordern

1. Erkläre, was der Zeichner von M2 wohl ausdrücken will. Nimm dazu den Text zu Hilfe.

2. Lies den Abschnitt „Gewaltenteilung schützt" noch einmal genau durch. Begründe, warum die Bildergeschichte M1 sich so nicht zugetragen haben kann.

3. Suche auf einer Karte der Bundesrepublik alle Bundesländer heraus. Schreibe sie in dein Heft und notiere daneben die jeweilige Landeshauptstadt.

4. Erkläre, was die Bundesländer mit Gewaltenteilung zu tun haben.

Landtag in Mainz (M3). In diesem Gebäude tagen die Abgeordneten des Landes Rheinland-Pfalz und treffen wichtige Entscheidungen.

„... geht vom Volke aus"

Wenn die

Was die Mehrheit beschließt, wird gemacht.
Eigentlich demokratisch, oder ...?

Die Sache mit der Klassenfahrt

Die Klasse 8a hatte zu entscheiden, wohin die Klassenfahrt gehen sollte. Vorschläge für Ziele gab es genügend. Und um festzustellen, ob es zum nahegelegenen See oder doch lieber gleich nach Südtirol gehen sollte, fand dann eine Abstimmung statt.

Nach der Abstimmung über die Klassenfahrt herrschte in der Klasse eine tolle Stimmung. „Die Mehrheit ist dafür!", rief Marc. „Leute, wir können schon anfangen zu packen!" Nur Maike und Sascha hatten nicht dafür gestimmt. Sie hatten etwas von Geld gemurmelt und dass die Fahrt zu teuer sei.

Nach der Stunde unterhielt sich Herr Müller mit den beiden. „So geht das doch nicht", meinte Sascha. „Die anderen wissen gar nicht, was bei uns zu Hause los ist. Das Geld sitzt bei uns nicht so locker." Und Maike sagte nur: „Wie stellen die sich das vor? Die Klasse kann doch nicht über den Geldbeutel meines Vaters abstimmen. Jedenfalls müssen die auf uns Rücksicht nehmen, auch wenn die Mehrheit für Südtirol ist."

Mehrheitsentscheidungen in unserer Demokratie ...

So etwas wie in Maikes Klasse kommt in unserer Gesellschaft oft vor. Ganz häufig ist der Wille der Mehrheit entscheidend: Die Mehrheit der Mitglieder eines Sportvereins wählt den neuen Vorsitzenden, die Mehrheit des Stadtrates beschließt, dass eine neue Sporthalle gebaut werden soll, die Mehrheit der Bundestagsabgeordneten beschließt ein neues Gesetz ...

Häufig ist bei diesen Entscheidungen eine Minderheit dagegen. Da aber nun einmal Entscheidungen getroffen werden müssen, ist die Mehrheitsentscheidung eine wichtige Grundlage dafür, dass es gerecht dabei zugeht.

Was aber, wenn die Mehrheit über etwas entscheidet, was für viele Menschen Vorteile, für einige aber erhebliche Nachteile bringt? Darf die Mehrheit das auch?

Ein Beispiel: Viele Menschen sind dafür, dass der Frankfurter Flughafen weiter ausgebaut wird, um die vielen Reisenden schneller abzufertigen. Eine neue Startbahn ist geplant. Doch da, wo die neue Startbahn gebaut werden soll, liegt der Stadtwald und gleich dahinter mehrere kleinere Ortschaften ...

dafür

Flughafen Frankfurt/Main (M1).
Die neue Startbahn Nord soll auf dem Gelände des Stadtwaldes entstehen (im Hintergrund zu sehen).

dagegen

Stadtwald weg –
Erholung weg –
Gesundheit weg
Initiative Umweltschutz

Mehrheit dafür

... und ihre Grenzen

Welche Rechte haben diejenigen, die in der Minderheit waren und sich einer Mehrheitsentscheidung fügen mussten? Auch sie werden durch Gesetze geschützt, denn in einer Demokratie sind vor dem Gesetz alle gleich. So steht es in unserem Grundgesetz. Und wer glaubt, dass seine Rechte durch die Entscheidung einer Mehrheit verletzt werden, kann sich vor Gericht dagegen wehren. Das könnten auch die Anwohner des Frankfurter Flughafens und die Umweltschützer tun, die sich gegen den Bau einer neuen Startbahn ausgesprochen haben.

Nicht nur für eine Minderheit

1. Entscheidet, ob die Klasse auf Maike und Sascha Rücksicht nehmen muss.

2. Wie würdet ihr in eurer Klasse das Problem der Klassenfahrt lösen?

3. Organisiert eine Pro-Contra-Diskussion zum Thema Flughafenerweiterung. Dabei müsst ihr versuchen die Sichtweise der beiden Streitparteien (Bürgerinnen und Bürger aus Gemeinden rund um den Flughafen gegen die Flughafengesellschaft) in Gruppen zu vertreten. Welche Argumente könnten sie in die Diskussion einbringen?

4. Informiert euch, welche Fälle es in eurer Umgebung gibt, bei denen die Minderheit mit Mehrheitsentscheidungen ganz und gar nicht einverstanden ist. Sammle einige Argumente der beiden Seiten und setze dich damit auseinander.

Wenn die Miete

„... geht vom Volke aus"

> Nicht jeder kann in unserem Land aus dem Vollen schöpfen. Eine Mieterhöhung kann da schon zum Problem werden ...

Leben auf kleinstem Raum (M1).

„Das schaffe ich nicht mehr ..."

Bernd wohnt mit seiner Mutter und seinen zwei jüngeren Geschwistern in einer kleinen Wohnung am Stadtrand von Herne. Die Eltern hatten sich vor fünf Jahren getrennt. Geld gab es vom Vater keines. Die Mutter hat einen Halbtagsjob und so reicht das Einkommen gerade so zum Nötigsten.

Eines Tages kommt Bernd aus der Schule nach Hause und sieht, wie die Mutter am Küchentisch über einem Brief grübelt. „Da, lies selbst!". Sie reicht ihm den Brief. Bernd liest: „... sehen wir uns leider gezwungen, zum 1. 8. die Miete um 60 Euro zu erhöhen. Wir bitten um Ihr Verständnis!" – „Ich kann das nicht bezahlen, an einer anderen Stelle können wir auch nicht einsparen. Ich weiß nicht, wie ich das machen soll", murmelt die Mutter.

Wir leben in einem Sozialstaat

Bernds Mutter ist kein Einzelfall. Immer wieder kann es passieren, dass Menschen plötzlich in eine Lage geraten, die sie nicht mehr allein bewältigen können. Doch in unserer Gesellschaft gilt: Wer in Not gerät, dem wird geholfen.

In unserem Fall kann Bernds Mutter eine Beihilfe zur Miete beantragen. Arbeitslose bekommen eine Zeit lang Arbeitslosengeld I. Wenn sie dann noch immer keinen Job gefunden haben, erhalten sie Arbeitslosengeld II. Das steht aber auch anderen zu: Beispielsweise bekommen viele alte Leute nicht genügend Rente, manche können nach einem Unfall oder wegen einer schweren Krankheit nicht mehr arbeiten, wieder andere geraten durch eine Scheidung in Not. In all diesen Fällen hilft der Staat, wir sprechen deswegen von einem *Sozialstaat*.

zum *Problem* wird

In Not kann man schnell geraten

„Sollen die doch eine billigere Wohnung nehmen!" – „Jeder, der arbeiten will, findet auch Arbeit!" – „Die leben auf unsere Kosten. Wir schaffen uns kaputt und die machen sich einen schönen Lenz!" – Jeder kennt solche Sprüche. Aber die gesellschaftliche Wirklichkeit zeigt: Nicht nur Arbeitslose sind auf staatliche Hilfe angewiesen. Immer mehr Menschen sind so arm, dass sie die Mittel für ihren Lebensunterhalt nicht allein aufbringen können.

Die Grenzen des Sozialstaats

Sicher gibt es auch Menschen, die unseren Sozialstaat missbrauchen, also Geld nehmen, das ihnen nicht zusteht. Die Mehrheit ist das aber nicht. Allerdings weiß jeder, dass heute die Kassen nicht mehr so gut gefüllt sind. Die Städte und Gemeinden können also nicht beliebig Geld an Bedürftige verteilen, sondern müssen genau prüfen, wer wirklich Hilfe braucht. Angesichts leerer Kassen kann es sogar vorkommen, dass Sozialleistungen gekürzt werden müssen. Deshalb wird die Frage immer wichtiger, wer wirklich Unterstützung braucht. Wie kann ihm geholfen werden, wieder auf eigenen Beinen zu stehen?

„ Sozialhilfe ist kein Almosen (M2)

Auszug aus dem Bundessozialhilfegesetz:
Aufgabe der Sozialhilfe ist es, dem Empfänger der Hilfe die Führung eines Lebens zu ermöglichen, das der Würde des Menschen entspricht. (...) Hilfe zum Lebensunterhalt ist dem zu gewähren, der seinen notwendigen Lebensunterhalt nicht oder nicht ausreichend aus eigenen Kräften und Mitteln, vor allem aus seinem Einkommen und Vermögen, beschaffen kann.
Bundessozialhilfegesetz ———— „

Gemeinsam zu lösen:

1. Beschreibe die Lebenssituation von Bernd und seiner Familie (Text, M1). Warum muss ihnen geholfen werden?

2. Erkläre, was du unter einem Sozialstaat verstehst.

3. Nenne Gründe, warum Menschen auf Hilfe vom Staat angewiesen sind.

4. Liste anhand von M2 und dem Verfassertext auf, wer ein Recht auf staatliche Hilfe hat und für welchen Zweck sie gezahlt wird.

5. Erkundigt euch, wie in euer Stadt oder Gemeinde notleidenden Menschen geholfen wird.

6. Menschen, die staatliche Hilfe bekommen, werden mitunter als Faulenzer beschimpft. Was würdest du darauf antworten?

7. Sieh dir M3 und M4 an und erkläre, wie die Zeichner unseren Sozialstaat beurteilen.

„Umbau" des Sozialstaates (M3). *Karikatur von Wolfgang Horsch.* Seit einiger Zeit gibt es Diskussionen darüber, ob die Sozialleistungen nicht gekürzt und anders verteilt werden müssten.

Das soziale Netz (M4). *Karikatur.*

Meinungs

„... geht vom Volke aus"

heute

Remscheid, 15. Mai 2005

An den Bundeskanzler
Willy-Brandt-Straße 1
10115 Berlin

Lieber Herr Bundeskanzler,
ich finde Ihre Politik ziemlich blöd. Seit Jahren machen Sie große Versprechungen: Für Bildung soll mehr Geld ausgegeben werden, Familien mit Kindern soll es besser gehen... Und was wurde davon gehalten? Sie sollten das Regieren anderen überlassen.

Zwei Protestbriefe und ihre Folgen

Der Schüler oder die Schülerin, die an den Bundeskanzler schreibt, bekommt wahrscheinlich eine Antwort. Sicher nicht vom Bundeskanzler selbst, sondern von seinem Büro, aber immerhin. In dem Schreiben wird der Bundeskanzler vielleicht erklären lassen, dass er seine Politik ganz anders einschätzt und dass er sich weiterhin Mühe geben wird, alles noch besser zu machen.

Ein wichtiges Grundrecht (M1)

Aus dem Grundgesetz, Artikel 5:

(1) Jeder hat das Recht seine Meinung in Wort, Schrift und Bild frei zu äußern und zu verbreiten und sich aus allgemein zugänglichen Quellen ungehindert zu unterrichten. Die Pressefreiheit und die Freiheit der Berichterstattung durch Rundfunk und Film werden gewährleistet. Eine Zensur findet nicht statt.

(2) Diese Rechte finden ihre Schranken in den Vorschriften der allgemeinen Gesetze, den gesetzlichen Bestimmungen zum Schutz der Jugend und in dem Recht der persönlichen Ehre.

(3) Kunst und Wissenschaft, Forschung und Lehre sind frei. Die Freiheit der Lehre entbindet nicht von der Treue zur Verfassung.

Aus dem Grundgesetz der Bundesrepublik Deutschland.

Aufgaben für Demokraten

1. Lies die Materialien und Texte auf dieser Doppelseite noch einmal genau durch. Erkläre den Begriff „Meinungsfreiheit".

2. Lies M3 und schreibe zu den Aussagen eine Entgegnung.

3. Beschreibe M4. Mit welchen Mitteln hat der Zeichner seine Ansicht zur Meinungsfreiheit in Deutschland Anfang des 19. Jahrhunderts ausgedrückt?

4. Lies M1 und gib den Inhalt mit eigenen Worten wieder. Achte besonders auf den Absatz 2 des Artikels 5. Wo liegen die Grenzen der freien Meinungsäußerung? Suche nach Beispielen für diese Grenzen.

5. Wo siehst *du* Grenzen der freien Meinungsäußerung? Stelle Regeln auf, an die man sich halten sollte.

Protestdemonstration der Gewerkschaft IG-Metall in Bochum (M2).

freiheit

Es ist noch gar nicht so lange her, dass das Volk nichts, die Fürsten und Könige aber alles zu sagen hatten.

... und damals?

Vor knapp 170 Jahren sah die Sache schon anders aus. Damals beschwerten sich Göttinger Professoren bei ihrem König *Ernst August von Hannover* über eine, wie sie meinten, völlig falsche Politik. Die Antwort war klar und eindeutig: Der König entließ die Professoren aus dem Dienst und verwies sie des Landes. Proteste dieser Art waren nicht erlaubt. Und der König hatte das Recht, jederzeit jemanden für solche Meinungsäußerungen zu bestrafen. Die Bürger wurden bespitzelt und jeder musste Angst haben, dass seine Briefe geöffnet und gelesen wurden. In den Zeitungen durfte nur geschrieben werden, was amtliche Stellen genehmigt hatten. So etwas nennt man *Pressezensur*. Von demokratischen Rechten wie zum Beispiel der Meinungs- und Redefreiheit wie wir sie heute haben, konnten die Menschen damals nur träumen.

Es war ein langer Weg, bis sich auch in Deutschland demokratische Verhältnisse durchsetzten. Die Menschen mussten dafür lange kämpfen.

Göttingen, anno domini 1832

Exzellenz!

Wir protestieren gegen Ihren Beschluss das Staatsgrundgesetz für ungültig zu erklären auf das Heftigste. Überhaupt kein Verständnis haben wir, dass ...

„ Die Rechte der Fürsten (M3)

Ein Gelehrter schrieb 1816:
Das Volk (...) kommt nicht vor dem Fürsten, sondern im Gegenteil der Fürst vor dem Volk, gleich wie der Vater vor seinen Kindern. Die Fürsten sind nicht (...) bloß Oberhaupt des Staats (...) sondern die Fürsten sind (...) unabhängige Herrn.
C. L. v. Haller, Restauration der Staatswissenschaften, 1816, S. 86. "

Der Denkerclub (M4). *Anonyme Karikatur um 1825.*
Schweigen ist das erste Gesetz dieser gelehrten Gesellschaft.

„... geht vom Volke aus"

„Einigkeit und

Das wünschten sich die Deutschen
nach dem Zweiten Weltkrieg.
Und dazu gehörte auch eine Verfassung ...

Ein neuer Anfang

Nach dem Zweiten Weltkrieg lag Deutschland in Schutt und Asche. Hunger, Not und Elend herrschten. Das Land war von den Siegern besetzt. Trotzdem regte sich schon bald neues politisches Leben. Vor allem Frauen und Männer, die von den Nazis verfolgt, eingesperrt und ins Ausland vertrieben worden waren, setzten sich dafür ein, in Deutschland eine neue politische Ordnung aufzubauen. In ihr sollten Freiheit und Recht dauerhaften Bestand haben.

Als dann die Bundesländer neu gegründet wurden, entstanden dort die ersten freiheitlichen Verfassungen nach dem Krieg. Ein neuer Anfang für die Demokratie war gemacht.

Das Grundgesetz wird erarbeitet

Drei Jahre nach dem Kriegsende trat in Bonn der „Parlamentarische Rat" zusammen. Das war eine Versammlung von Ländervertretern und -vertreterinnen (61 Männer und 4 Frauen), die über eine neue Ordnung für ganz Deutschland nachdachten. Bei ihrer Arbeit stellten sich die Mütter und Väter unseres Grundgesetzes oft die Frage, was man aus früheren Verfassungen übernehmen sollte. Vor allem lasen sie gründlich in der Weimarer Verfassung nach. Doch genauso wichtig war für sie eine andere Frage: Wie sollte gesichert werden, dass nie mehr demokratische Rechte und Freiheiten einfach abgeschafft werden konnten, so wie das zwölf Jahre zuvor durch Hitler und seine Helfer geschah?

Deswegen stellten die Ratsmitglieder die Grundrechte für die Menschen an den Anfang der Verfassung und beschlossen, dass diese Rechte niemals aufgehoben werden dürfen.

Deutschland war jedoch geteilt und der Parlamentarische Rat arbeitete die neue Verfassung zunächst nur für den westlichen Teil Deutschlands aus.

„Die Würde des Menschen ist unantastbar"(M1). Manche denken nicht daran, wie leicht die Würde eines anderen verletzt werden kann. Das fängt manchmal schon so an.

Recht und Freiheit"

Unterzeichnung des Grundgesetzes (M2). Am 23. Mai 1949 wurde in Bonn das neue Grundgesetz für die Bundesrepublik feierlich verkündet. Im Herbst des gleichen Jahres wählten die Westdeutschen den ersten Deutschen Bundestag. Erster Bundeskanzler war Konrad Adenauer, erster Bundespräsident Theodor Heuss.

Grundrechte, die für alle gelten (M4)

Im Grundgesetz sind 19 Grundrechte festgeschrieben. Hier einige Auszüge:
Art. 1: Die Würde des Menschen ist unantastbar (…). Sie zu achten und zu schützen ist Verpflichtung aller staatlichen Gewalt.
Art. 2: Jeder hat das Recht auf Leben und körperliche Unversehrtheit (…).
Art. 3: Alle Menschen sind vor dem Gesetz gleich. Männer und Frauen sind gleichberechtigt (…).
Art. 6: Ehe und Familie stehen unter dem besonderen Schutz der staatlichen Ordnung.
Art. 10: Das Briefgeheimnis sowie das Post- und Fernmeldegeheimnis sind unverletzlich (…).
Art. 16a: Politisch Verfolgte genießen Asylrecht (…).
Art. 17: Jedermann hat das Recht sich (…) mit Bitten oder Beschwerden an die zuständigen Stellen und an die Volksvertretung zu wenden.
Ebenda.

Wichtige Ziele der Bundesrepublik (M3)

Mit diesen Worten beginnt unser Grundgesetz:
Im Bewusstsein seiner Verantwortung vor Gott und den Menschen, von dem Willen beseelt, als gleichberechtigtes Glied in einem vereinten Europa dem Frieden der Welt zu dienen, hat sich das Deutsche Volk kraft seiner verfassungsgebenden Gewalt dieses Grundgesetz gegeben.
Grundgesetz für die Bundesrepublik Deutschland vom 23. Mai 1949 (BGBl. S. 1), zuletzt geändert durch Gesetz vom 16. Juli 1998 (BGBl. S. 1822).

Demokratie muss man üben

1. Beschreibe mit eigenen Worten, wie das Grundgesetz der Bundesrepublik Deutschland entstand.

2. Lies M3 und finde heraus, welche politischen Ziele darin für die Bundesrepublik festgeschrieben wurden.

3. Gib die in M4 genannten Grundrechte mit eigenen Worten wieder.

4. Besorge dir ein Exemplar des Grundgesetzes. Lies nach, welche Grundrechte enthalten sind. Schreibe in dein Heft, welche dir besonders wichtig sind.

5. Sieh dir M1 an. Sage deine Meinung zu dem, was die Jugendlichen dort tun.

6. Gegen welche Grundrechte verstoßen die in M1 abgebildeten Jugendlichen (M4)?

„... geht vom Volke aus"

mitmischen!

In bester

Nicht jede Klasse befindet
Doch das kann

Kennst du das auch?

In der Klasse 8a herrscht das blanke Chaos. In den Pausen Lärm, Prügeleien, Kreide fliegt durch die Luft und ab und zu auch schon mal das Schreibzeug eines Mitschülers. Im Unterricht stören sich die Mädchen und Jungen gegenseitig beim Arbeiten. Und Nina traut sich schon gar nichts mehr zu sagen, weil sie immer von einigen ausgelacht wird. Irgendwie fühlt sich keiner so richtig wohl.

Das tägliche Chaos beginnt schon an der Tür (M1). Jeder will mal wieder der Erste sein.

Tom und Christian kriegen sich wegen jeder Kleinigkeit in die Haare (M2). Aber bei Silke und Monika sieht es auch nicht besser aus.

1 Einigt euch zunächst, welche Probleme in eurer Klasse geregelt werden müssen. In der Klasse 8a sah das so aus:

> Ich finde es blöd, dass Karin alle auslacht, die nicht so schicke Klamotten haben wie sie.

> Marc glaubt immer alles bestimmen zu dürfen!

> Als ich Peter meine Matheaufgaben nicht zum Abschreiben geben wollte, hat er mir Prügel angedroht.

2 Setzt euch in Gruppen zusammen und schreibt eure Vorschläge für die Klassen-Verfassung an die Tafel.

– Es soll keiner den Macho spielen.

– Jeder darf seine Meinung sagen.

– Jeder Schüler und jede Schülerin sollte ...

– Ich habe das Recht ...

Verfassung

sich in guter Verfassung.
man ändern.

Abhilfe schaffen

Laura, die Klassensprecherin, schlägt vor eine Versammlung abzuhalten. Dort sollen alle Probleme auf den Tisch kommen. Gemeinsam wollen sie festlegen, wie das Leben in der Klasse in Zukunft aussehen soll. Sie nehmen sich vor, eine Art Verfassung zu entwerfen, an die sich alle halten müssen. Und wie ist das bei euch? Ist da alles klar? Vielleicht habt ihr auch Lust, eine eigene Verfassung für eure Klasse zu schreiben.

Echt Spitze! Die Klasse 8a hält ihre eigene „verfassungsgebende" Versammlung ab!

Es muss viel diskutiert werden bis die Verfassung steht (M3).

3 Stellt eure Vorschläge vor und begründet sie. Einigt euch, welche Punkte in eure Verfassung aufgenommen werden sollen. Schreibt alles auf eine große Tafel und hängt sie im Klassenraum auf.

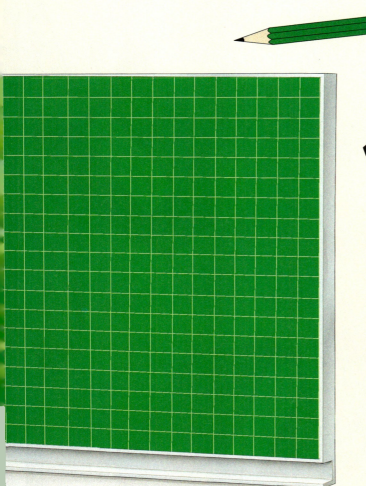

Verfassung der Klasse 8a

1. Jede Schülerin und jeder Schüler soll so akzeptiert werden, wie sie / er ist.
2. Jeder darf seine Meinung frei sagen.
3. Niemand hat das Recht andere zu bevormunden.
4. Niemand darf Gewalt gegen andere ausüben. Das gilt für körperliche und seelische Gewalt (z. B. Beleidigungen).
5. Entscheidungen müssen von der Mehrheit getroffen werden, wenn sie für alle gelten sollen.

Parteien

Parteien – unsere

„Ich wünsche mir, dass die Politiker mehr für den Schutz unserer Umwelt tun", sagt Svenja in einer Diskussion, in der es um die Frage geht, was Jugendliche von Politikern erwarten. „Mir würde es schon reichen, wenn die Politiker dafür sorgen würden, dass jeder von uns eine Lehrstelle bekommt", sagt Michael. Wahrscheinlich haben die meisten von euch ähnliche Erwartungen wie Svenja und Michael. Wie funktioniert es aber, dass aus den Wünschen und Vorstellungen Einzelner schließlich politisches Handeln des Staates wird? Welche Chance hat der Einzelne seine Interessen durchzusetzen? Und welche Rolle spielen Parteien und andere Gruppierungen, wenn es darum geht, Interessen und Vorschläge „Politik" werden zu lassen?

In diesem Kapitel erfahrt ihr ...

welche Rolle Politiker und Parteien in unserem Land spielen ...

An einem Informationsstand im Wahlkampf (M2). Die Parteien informieren über ihre Ziele.

wie bei uns gewählt wird ...

Urnengang (M3). Wahlberechtigt sind in Deutschland die Bürger mit dem 18. Lebensjahr.

Interessenvertreter?

Plakate zur Bundestagswahl 2005 (M1). Und wer vertritt unsere Interessen?

welche Möglichkeiten es gibt, in der Politik mitzumischen …

welche Bedeutung Zeitungen für unsere Demokratie haben …

wie das Fernsehen unsere politischen Ansichten beeinflussen kann.

Junge Union in Fröndenberg (M4). Jugendliche setzen einen Discobus durch.

Zeitungsständer (M5). Jeden Tag aufs Neue gibt es eine große Zahl von Tageszeitungen.

Fernsehaufnahme im Bundestag (M6). Wichtige Bundestagssitzungen werden direkt übertragen.

Parteien

Politiker =

Szenen aus dem Bundestagswahlkampf im Sommer 2005 (M1–M3). Vertreter der Parteien müssen sich für unterschiedliche Gespräche bereithalten.

Eine „Reise nach Jerusalem"?

Jedes Jahr aufs Neue beginnt für die Schülerinnen und Schüler der Abschlussklassen dasselbe Spiel: Der Run auf die Lehrstellen. Fast wie bei der Reise nach Jerusalem bleiben immer einige übrig. Für sie gibt es trotz zahlreicher Bewerbungen offenbar keine Chance. Warteschleifen in der oft ungeliebten Schule – etwa im Berufsgrundschuljahr – sind die Folge. Dabei sollte man doch meinen, dass es eine wichtige gesellschaftliche Aufgabe ist, ausreichend viele Lehrstellen zu schaffen. Aber ganz so einfach ist die Sache nicht.

Der Staat und die Politiker können nicht einfach anordnen, dass es im nächsten Sommer ausreichend Lehrstellen geben soll. Wie setzen sich Politiker trotzdem für unsere Anliegen ein?

Wie arbeitet eigentlich ein Politiker?

„Ich kann die Briefe und Anrufe schon gar nicht mehr zählen!" So berichtet eine hessische Bundestagsabgeordnete über die Anfragen, die wöchentlich auf dem Schreibtisch ihres Wahlkreisbüros liegen. „Alle fragen dasselbe: Können Sie mir zu einem Ausbildungsplatz verhelfen? Oder: Was machen Sie eigentlich, damit es wieder mehr Ausbildungsplätze auch für Hauptschülerinnen gibt?"

Die Bundestagsabgeordnete erklärt, wie sie mit diesen Anfragen umgeht: „Da gibt es zum einen die Arbeit in der Region, in der ich gewählt wurde. Ich spreche mit Personalchefs aus den kleinen und großen Betrieben, mit der Industrie- und Handelskammer und versuche, etwas

Volksvertreter

Politiker sollen unsere Interessen vertreten – eigentlich eine ganz einfache Sache oder?

zu bewegen. Ich gehe aber auch in Berufsschulen, spreche mit Jugendlichen und versuche zu vermitteln, dass nicht jeder seine Wunschstelle kriegen kann. Anders läuft die Sache in Berlin. Dort hat meine Partei ein großes Finanzierungsprogramm für arbeitslose Jugendliche beschlossen.

Das klingt ganz gut, das Gesetz ist aber in Wirklichkeit heiß umstritten. Das Geld für dieses Sofortprogramm fehlt natürlich an anderen Stellen. Große Firmen sitzen uns im Nacken und wollen Geld für ganz andere Sachen: Zum Beispiel gibt es zu wenig Computerspezialisten. Deswegen soll Geld für die Verbesserung der Ausbildung von Informatikern bereitgestellt werden. Sie sehen, Politiker müssen ständig die Interessen verschiedener gesellschaftlicher Gruppen gegeneinander abwägen. Letztlich muss eine Entscheidung getroffen werden. Häufig ist das ein Kompromiss, also eine Entscheidung, die allen gerecht werden möchte. So richtig zufrieden ist zum Schluss dann keiner. Der Einzelne denkt nur an seine Interessen. Wir müssen aber immer das Ganze im Auge behalten."

Das Verhältnis von Ausbildungsstellen und Ausbildungsplätzen in den Bundesländern (M4).

Welche Probleme waren für Jugendliche 2002 bedeutsam (M5)? *Quelle: 14. Shell Jugendstudie.*

Keine Kompromisse

1. Was unternimmt die Politikerin in der Region, was in Berlin, um Ausbildungsplätze für Jugendliche zu schaffen?

2. Die Politikerin berichtet davon, dass sie sich mit vielen Gesprächspartnern auseinander setzt. Erläutere, was diese Gespräche mit der späteren Gesetzgebung zu tun haben.

3. Erkläre die Grafik M4.

4. Alle wissen, dass es wichtig ist, Ausbildungsplätze bereitzustellen. Erläutere, warum die Politiker darüber trotzdem Diskussionen führen.

5. Informiere dich über Aktionen von Abgeordneten deines Wahlkreises in deiner Region.

6. Die Grafik M5 informiert dich darüber, welche Probleme Jugendliche in der Gesellschaft sehen. Wie könnten sich nach deiner Auffassung Politiker hier einsetzen?

Parteien

Was sind

In den letzten Jahren ist das Ansehen der Parteien ständig gesunken. Trotzdem geht es nicht ohne sie ...

Aus der Geschichte der Parteien

Parteien, so wie wir sie heute kennen, sind noch nicht sehr alt. Ihre Anfänge reichen nicht viel mehr als 150 Jahre in die deutsche Geschichte zurück. Ansätze für unsere Parteien bildeten sich in der ersten Hälfte des 19. Jahrhunderts im Kampf um Demokratie und Rechtsstaat sowie gegen Fürstenwillkür. 1848 traten die ersten deutschen Abgeordneten in der Frankfurter Paulskirche zusammen. Sie gehörten Gruppen mit unterschiedlichen politischen Programmen an. Diese Gruppen, in denen man sich zu politischen Diskussionen traf, kann man als Vorläufer heutiger Parteien verstehen.

Parteien geben Antworten

Heute sind die Parteien in der Bundesrepublik Deutschland große, gut organisierte Vereinigungen. Neben den zwei großen Parteien SPD und CDU / CSU gibt es bei uns drei kleine Parteien, die ebenfalls im Bundestag vertreten sind.

Alle Parteien haben ausführliche Programme. Darin werden die großen gesellschaftlichen Probleme aufgegriffen und Lösungen vorgeschlagen. Mit diesen Programmen und Lösungsvorschlägen stellen sie sich den Bürgerinnen und Bürgern zur Wahl. Der Wahlsieger kann für eine bestimmte Zeit mit seinen Vorschlägen das Handeln des Staates bestimmen. Weil Parteien eine wichtige Aufgabe darin haben, zwischen den Wünschen und Zielen der Bürger und dem Handeln des Staates eine Brücke zu bilden, nennt man unsere politische Ordnung auch „Parteiendemokratie".

Bürger können sich einmischen

Parteien sind grundsätzlich für jeden offen: Wer sich mit den Zielen einer Partei einverstanden erklärt, kann Mitglied werden und muss dann einen festgelegten Mitgliedsbeitrag zahlen. Das Parteimitglied hat bestimmte Rechte. Es kann an der Entwicklung des Programms der Partei teilnehmen, ja sogar dazu beitragen, dass sich Teile des Programms verändern. Dies ist deswegen möglich, weil die Parteien im Inneren demokratisch aufgebaut sind: Nicht die jeweiligen Parteivorsitzenden bestimmen, wo es langgehen soll, sondern die Mitglieder legen den Weg immer wieder neu fest.

Wo kriegen die Parteien ihr Geld her?

Dass Parteien Geld brauchen, ist klar: Fest angestellte Mitarbeiter müssen bezahlt werden, Wahlkämpfe kosten schnell mehrere Millionen Mark, für eine Veranstaltung muss die Raummiete bezahlt werden. Aber woher kommt das Geld? Einmal zahlen die Mitglieder einen monatlichen Mitgliedsbeitrag, der sich nach der Höhe ihres Einkommens richtet. Daneben werden Parteien durch Steuergelder finanziert: Nach jeder Bundestagswahl erhalten die Parteien, die mehr als 0,5 Prozent der Stimmen errungen haben, pro Wähler eine bestimmte Summe (1,78 Euro) als Erstattung für die „notwendigen Kosten eines angemessenen Wahlkampfes".

Zusätzlich erhalten Parteien Spenden von einzelnen Bürgern. Nicht selten wollen Spendende mit ihren Geldern Einfluss auf die Entscheidungen der Politiker nehmen. Ihre gesamten Einkünfte muss jede Partei veröffentlichen, damit die Bürger sich darüber informieren können, woher das Geld stammt. Besonders an diesem Punkt hat es in der Vergangenheit immer wieder Probleme gegeben, weil Parteien sich um die Veröffentlichung gedrückt haben.

Plenarsaal des Deutschen Bundestages in Berlin (M1).
Die Sitze der Abgeordneten einer Partei sind jeweils als Block angeordnet.

Parteien?

Zeitunglesende Bürger / Die 1848er (M2). *Gemälde eines unbekannten Malers, Deutschland um 1850, Öl/Leinwand, 75 x 90 cm.* In der ersten Hälfte des 19. Jahrhunderts bildeten sich „Lesezirkel". Sie gelten als ein Vorläufer der politischen Parteien.

Parteien in der Bundesrepublik (M3)

> *In Artikel 21 unseres Grundgesetzes heißt es:*
> Die Parteien wirken bei der politischen Willensbildung des Volkes mit. Ihre Gründung ist frei. Ihre innere Ordnung muss demokratischen Grundsätzen entsprechen. Sie müssen über die Herkunft und Verwendung ihrer Mittel sowie über ihr Vermögen öffentlich Rechenschaft geben.
>
> Grundgesetz für die Bundesrepublik Deutschland, Stand Juli 1998.

Ohne Aufgaben geht es nicht

1. Jeder kennt Fußballvereine. Wodurch unterscheidet sich eine Partei von einem Sportverein?

2. Stelle mit eigenen Worten dar: Warum nennt man unsere politische Ordnung Parteiendemokratie?

3. Im Grundgesetz heißt es, dass die innere Ordnung der Parteien demokratischen Grundsätzen entsprechen muss (M3). Erläutere dies.

4. Nehmt Stellung zu folgenden Fragen: Warum ist es sinnvoll, dass Parteien vom Staat Geld erhalten? Wäre es nicht viel besser, wenn die Parteien sich selbst oder nur über Spenden finanzieren würden?

5. Untersucht am Beispiel eines aktuellen politischen Themas, wie Parteien auf die politische Willensbildung Einfluss nehmen. Ihr könnt euch dazu eine Talkshow ansehen um zu beobachten, welche Position die einzelnen Politikerinnen und Politiker vertreten und mit welchen Argumenten sie die Zuschauer zu überzeugen versuchen. Berichtet in der Klasse darüber.

Parteien

Von Großen

Im Deutschen Bundestag sind zwei große „Volksparteien" und drei kleinere Parteien vertreten. Wir stellen euch vor, woher sie kommen:

CDU

Die CDU *(Christlich Demokratische Union)* entstand nach dem Zweiten Weltkrieg. Ihre „Schwesterpartei" ist die CSU *(Christlich Soziale Union)*, die nur in Bayern zur Wahl antritt.

Schon mit ihrem Namen machte die Partei deutlich, dass sie die Neuordnung Deutschlands nach 1945 auf der Grundlage christlicher Werte anstrebte. Im Grundsatzprogramm der Partei werden besonders Freiheit, Solidarität [Zusammengehörigkeitsgefühl] und Gerechtigkeit hervorgehoben. Der Zusammenhalt in der Gesellschaft soll vor allem von der Familie, der Ehe und der Kirche gefördert werden.

Die Wirtschaft im Staat kann sich nach Auffassung der CDU umso besser entwickeln, je weniger vom Staat geregelt wird und je freier die Unternehmen handeln können.

SPD

Die SPD *(Sozialdemokratische Partei Deutschlands)* geht auf den Allgemeinen Deutschen Arbeiterverein zurück, der 1863 in Leipzig gegründet wurde, und auf die Sozialdemokratische Arbeiterpartei, 1869 von August Bebel und Wilhelm Liebknecht ins Leben gerufen. Im Mai 1875 kam es auf dem Einigungsparteitag in Gotha zum Zusammenschluss beider Gruppen. 1890 erhielt die Partei ihren Namen. Noch heute versteht sich die SPD als die Partei, die die Interessen der Arbeitnehmerinnen und Arbeitnehmer vertritt. Die Partei setzt sich dafür ein, dass Freiheit und Wohlstand in der Gesellschaft möglichst gerecht verteilt werden. Der Unterschied zwischen Arm und Reich soll über das Mittel der Steuerzahlungen so gering wie möglich gehalten werden: Wer viel verdient, soll im Verhältnis deutlich mehr Steuern zahlen als der, der wenig verdient.

BÜNDNIS 90/DIE GRÜNEN

Die Partei wurde 1993 gegründet als Zusammenschluss von „Bündnis 90", einem Bündnis der Bürgerbewegungen der DDR, und der Partei „Die Grünen", die seit 1980 in der Bundesrepublik Deutschland bestand.

Für „Die Grünen" war der wichtigste Programmpunkt die Forderung nach einer ökologisch ausgerichteten Politik. Jede politische Maßnahme sollte auf ihre Auswirkungen auf unsere natürlichen Lebensgrundlagen hin überprüft werden. Vor diesem Hintergrund fordern *„Bündnis 90/Die Grünen"* eine Wende in der Verkehrspolitik: Der Autoverkehr soll nicht länger bevorzugt werden. Besondere Bedeutung hat für die ökologisch ausgerichtete Politik der Partei auch der Kampf gegen die Nutzung der Atomkraft.

Angela Merkel (M1). Sie ist seit 2005 die erste deutsche Bundeskanzlerin.

Gerhard Schröder (M2) war von 1998 bis 2005 deutscher Bundeskanzler.

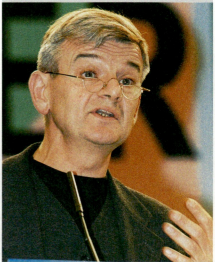

Joschka Fischer (M3) war von 1998 bis 2005 Bundesaußenminister und der bekannteste Politiker der Grünen.

und Kleinen

Die F.D.P. *(Freie Demokratische Partei)* wurde in der Nachkriegszeit in den westlichen Besatzungszonen und Westberlin gegründet. Mit ihrem Namen machte die Partei deutlich, dass die Freiheit des Einzelnen für sie das am höchsten bewertete politische Ziel ist. „Liberale" – also freiheitlich orientierte – Politik heißt: Jeder Einzelne soll in unserer Gesellschaft die größtmögliche Freiheit genießen und seine Persönlichkeit frei entfalten können. Die Grundrechte sichern die persönliche Freiheit des Einzelnen, in die sich der Staat nach Auffassung der FDP nicht einmischen sollte. Dieses Prinzip will die FDP auch auf die Wirtschaft anwenden: Der Staat sollte den Unternehmen einen großen Handlungsspielraum lassen und möglichst wenig eingreifen.

DIE LINKE. PDS

Die PDS *(Partei des Demokratischen Sozialismus)* entstand 1989, in der Zeit des gesellschaftlichen Umbruchs in der DDR. Hervorgegangen ist sie aus der Sozialistischen Einheitspartei Deutschlands (SED). Die PDS stellt sich als sozialistische Partei dar, die vor allem die Probleme der Bürgerinnen und Bürger der ehemaligen DDR im Blick behalten will. In ihrem Programm heißt es, sie „setzt sich für eine Gesellschaft ein, in der der Einzelne nicht länger allein, der Fremde nicht länger fremd und der Abhängige nicht länger wehrlos bleibt". Der Staat solle wirtschaftliche Rahmenbedingungen schaffen, die es ermöglichen, dass viele Menschen am Wohlstand teilhaben. Im Vorfeld der Bundestagswahl 2005 erfolgte die Umbenennung in Die Linkspartei. Dadurch sollte die Zusammenarbeit mit der Partei Arbeit & soziale Gerechtigkeit – Die Wahlalternative (WASG) ermöglicht werden.

Die Parteien (M6). *Karikatur von Felix Mussil, 1993.*

Guido Westerwelle (M4), Vorsitzender der FDP.

Gregor Gysi (M5), ein prominenter Linker: Er war der erste Vorsitzende der PDS.

Überparteiliche Aufgaben:

1. Teilt euch in fünf Gruppen auf und stellt die Informationen über die Parteien in der Bundesrepublik in der Klasse vor. Nennt Unterschiede.

2. Arbeitet weiter in Gruppen.
a) Schlagt in Lexika zu der von euch bearbeiteten Partei nach. Sammelt Informationen über die jeweils ersten Vorsitzenden der Parteien, wichtige Politikerinnen und Politiker, aktuelle Mitgliederzahlen, Angaben zu Regierungsbeteiligungen.
b) Informiert euch in Zeitungen oder Lexika genauer über eine/n ausgewählte/n Politikerin oder Politiker und verfasst kurze Lebensläufe.
Stellt die Ergebnisse eurer Gruppenarbeit in der Klasse vor.

Parteien
Gewusst wie

„... könnten

Gerade Parteien knausern nicht mit Informationsmaterial. Und plötzlich hast du bergeweise Papier im Briefkasten. Um damit fertig zu werden, brauchst du eine gute Methode.

Der Briefkasten quillt über

Eine solche Reaktion hatte sich Julia nicht vorgestellt. Eigentlich sollte sie mit einer Arbeitsgruppe nur die im Bundestag vertretenen Parteien anschreiben und um Informationsmaterial über das Lehrstellenproblem bitten. Und nun lagen auf ihrem Tisch viele kleine Heftchen, Papiere und Faltblätter. Wie sollten sie damit klarkommen?

Aus den Antwortmaterialien der PDS:
„Wir halten es für wichtig, die Wirtschaft in die Pflicht zu nehmen genügend Ausbildungsplätze bereitzustellen. Das ist in Zeiten hoher Arbeitslosigkeit, wo bereits genügend ausgebildete Leute auf einen Job warten, nicht so einfach. Für die Unternehmen ist es billiger, sich die Arbeitskräfte nach Bedarf ‚vom Markt' zu holen, als selber auszubilden. Um das zu vermeiden und auch jungen Leuten die Chance auf einen vollwertigen Arbeitsplatz zu sichern, müssen die Unternehmen, die nicht ausbilden, obwohl sie ausbilden könnten, zur Kasse gebeten werden: Wenn sie für die Ausbildung sowieso zahlen müssen, wird es für sie vielleicht wieder ‚kostengünstiger', selbst auszubilden. Andernfalls wäre zumindest das Geld da, von dem jene Betriebe ausbilden könnten, die es gerne noch in größerem Umfang tun würden."
Aus einem Brief von Gregor Gysi an Jugendliche, 8.10.1999.

Aus den Antwortmaterialien der SPD:
„Die Bundesregierung, die Gewerkschaften und die Wirtschaft wollen gemeinsam die Arbeitslosigkeit abbauen und die Wettbewerbsfähigkeit der Wirtschaft stärken. Das erste Ergebnis dieses Bündnisses für Arbeit ist das Sofortprogramm ‚100 000 Jobs für Junge' zum Abbau der Jugendarbeitslosigkeit. Die Bundesanstalt für Arbeit mit ihren Arbeitsämtern setzt dieses Programm um. Insgesamt stehen 1,020 Milliarden Euro für das Sofortprogramm bereit."
Zit. nach: 100 000 Jobs für Junge, Hrsg. Bundesministerium für Arbeit und Sozialordnung, Berlin 1999.

Aus den Antwortmaterialien der FDP:
„Arbeitslosigkeit ist ein schweres Schicksal. Die sozialste Politik ist es, Arbeitsplätze zu schaffen. (…) Neue Arbeitsplätze zu schaffen, Arbeitsplätze zu sichern und damit Arbeitslosen eine Chance zu geben, setzt eine Phase maßvoller Tarifabschlüsse bei Löhnen und Gehältern voraus (…). Pauschale Arbeitszeitverkürzungen oder die generelle 30-Stunden-Woche lehnt die FDP ab, weil damit Arbeitsplätze in Deutschland noch teurer würden."
Aus dem Wahlprogramm der Liberalen zur Bundestagswahl 1998.

Damit fängt man an (M1).
Das Material muss erst einmal gesichtet werden.

Sie uns bitte Material zuschicken?"

Informationsmaterial bearbeiten

Auf der linken Seite findet ihr eine kleine Sammlung von Texten zur Frage, wie sich einige Parteien die Lösung des Lehrstellenproblems vorstellen. Das Material wurde von uns bereits sortiert und interessante Abschnitte herausgesucht. Wie geht es jetzt weiter?

Zunächst müssen die Texte richtig verstanden werden. Dabei kommt es auf jedes Wort an. Zum Beispiel der Begriff „Tarifabschlüsse". Falls ihr nicht versteht, was damit gemeint ist, nehmt ein Lexikon zu Hilfe.

Als Nächstes müsst ihr die Texte so nutzen, dass ihr eure Frage beantworten könnt: Was will die SPD gegen die Jugendarbeitslosigkeit tun? Antwort: Sie will 1,020 Milliarden Euro dafür einsetzen, dass 100 000 junge Leute Jobs bekommen. Was will die PDS tun? Sie will Firmen, die nicht ausbilden, zur Kasse bitten. Das dort geholte Geld will sie den Betrieben geben, die ausbilden.

Jetzt müsst ihr euer Ergebnis untersuchen: Gemeinsamkeiten zwischen SPD und PDS liegen sicher darin, dass sich beide für die Interessen der Jugendlichen einsetzen. Unterschiede gibt es aber auch: Während die SPD Steuergelder dafür verwenden will, neue Jobs zu schaffen, möchte die PDS das Geld von den Firmen holen, die nicht ausbilden.

Schließlich solltet ihr eure Ergebnisse so darstellen, dass die Mitschüler darüber diskutieren können. Eine Möglichkeit dafür stellt etwa die Gestaltung eines Informationsposters dar.

Gut informiert (M2). *Karikatur von Gerhard Mester.*

Gewusst wie

Informationsmaterial bearbeiten

1. **Stellt genaue Fragen.** Was wollt ihr herausfinden?
2. **Sortiert das Material.** Inhaltsverzeichnisse helfen euch interessante Abschnitte zu finden.
3. **Lest die Texte genau.** Nutzt Wörterbücher und besprecht die schwer verständlichen Abschnitte untereinander.
4. **Untersucht,** wo die inhaltlichen Unterschiede und Gemeinsamkeiten der Texte liegen.
5. **Stellt eure Ergebnisse dar.** Nur so könnt ihr gemeinsam darüber sprechen.

Informative Aufgaben

1. Im Text auf der rechten Seite haben wir die Informationen von SPD und PDS verarbeitet. Erledige dasselbe jetzt mit deinem Partner für die FDP. Vergleiche die Haltung der FDP mit den Vorstellungen von SPD und PDS.

2. Besorgt euch bei den Geschäftsstellen von CDU und Bündnis 90/ Die Grünen entsprechendes Material und bearbeitet es nach den vorgegebenen Schritten.

3. Diskutiert die Antworten der Parteien. Welche Meinung sagt euch am meisten zu, welche weniger? Begründet eure Auffassungen.

Parteien

Zwei Kreuzchen alle vier Jahre entscheiden mit darüber, wer die Macht im Staat hat …

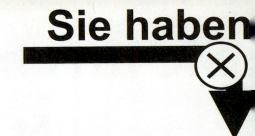

hier 1 Stimme für die Wah eines/einer Wahlkreis abgeordneter

Erststimme

1	**Hinsken**, Ernst Bäckermeister, Bundestagsabgeordneter Haibach Tempelhofstr. 3	**CSU** Christlich-Soziale Union in Bayern e.V.	○
2	**Schreiner**, Herbert Polizeibeamter Frauenau Pfarrhofstr. 14	**SPD** Sozialdemokratische Partei Deutschlands	○
3	**Grundl**, Erhard selbst. Verkaufsmanager Straubing Adalbert-Stifter-Str. 31	**GRÜNE** BÜNDNIS 90/DIE GRÜNEN	○
4	**Prockl**, Franz Vertriebsplaner München Isartalstr. 45 A	**FDP** Freie Demokratische Partei	○

Warum Wahlen?

Alle vier Jahre werden die wahlberechtigten Bürgerinnen und Bürger dazu aufgerufen, die Abgeordneten des Deutschen Bundestages neu zu wählen. Das ist der wichtigste Vorgang in unserer Demokratie: Die Wählerinnen und Wähler entscheiden darüber, welche Politik in den nächsten Jahren gemacht werden soll. Die Mütter und Väter des Grundgesetzes hatten sich 1949 für eine *repräsentative Demokratie* entschieden: Danach wählen die Bürgerinnen und Bürger Repräsentanten (Vertreter), die für sie die wesentlichen Entscheidungen treffen. Wie geht das aber genau?

Das erste Kreuzchen: die Erststimme

Mit dem Kreuzchen an dieser Stelle werden die Abgeordneten gewählt, die sich in den Wahlkreisen direkt zur Wahl stellen. Das gesamte Bundesgebiet ist in 328 Wahlkreise aufgeteilt, in denen sich verschiedene Kandidatinnen und Kandidaten um einen Platz im Bundestag bewerben. Damit ist gewährleistet, dass die Wähler zumindest über die Hälfte der Abgeordneten ganz persönlich entscheiden. Gewählt ist der- oder diejenige, der oder die am Wahltag in seinem/ihrem Wahlkreis die meisten Stimmen erhält. Man nennt das *Direktmandat*.

Das zweite Kreuzchen: die Zweitstimme

Mit dem Kreuzchen an dieser Stelle werden nicht mehr Personen, sondern Parteien gewählt. Jede Partei, die sich für den Bundestag bewirbt, stellt in den einzelnen Bundesländern Listen mit ihren Kandidaten auf, so genannte Landeslisten. Insgesamt werden 328 Parlamentarier über die *Landeslisten* gewählt.

Die Zweitstimme ist eine besonders wichtige Stimme. Denn der Gesamtanteil der Abgeordneten einer Partei im Parlament wird auf der Grundlage der Zweitstimmen errechnet. Das bedeutet: Wenn eine Partei etwa 10 Prozent der Zweitstimmen erhält, darf sie ca. 57 Abgeordnete ins Parlament entsenden. Nehmen wir an, die Partei hat bereits sieben Direktmandate durch die Erststimmen, dann werden über die Landeslisten noch weitere 50 Abgeordnete ermittelt.

Voraussetzung dafür, dass eine Partei überhaupt ins Parlament einziehen darf, ist, dass sie mindestens fünf Prozent der Wählerstimmen erhalten muss oder drei Direktmandate.

… und ihr habt fünf Aufgaben

1. Könnte man nicht auf die Erststimme verzichten und alle Abgeordneten über die Landeslisten wählen? Überlege, warum die Erststimme für die Wähler einen wichtigen Vorteil darstellt.

2. Erläutere den Begriff „repräsentative Demokratie".

3. Erkläre, wie der Bundeskanzler gewählt und die Regierung gebildet wird.

4. Welche Parteien sind im Augenblick im Bundestag vertreten? Wie viel Abgeordnete haben sie? Sieh dir dazu M3 an.

5. Welche Gedanken fallen dir bei der Betrachtung von M2 ein?

2 Stimmen

hier 1 Stimme
für die Wahl
einer Landesliste (Partei)
- maßgebende Stimme für die Verteilung der Sitze
insgesamt auf die einzelnen Parteien -

Zweitstimme

		Christlich-Soziale Union in Bayern e.V.	1
○	CSU	Dr. Edmund Stoiber, Michael Glos, Maria Eichhorn, Dr. Günther Beckstein, Horst Seehofer	
○	SPD	**Sozialdemokratische Partei Deutschlands**	2
		Ludwig Stiegler, Renate Schmidt, Otto Schily, Susanne Kastner, Walter Kolbow	
○	GRÜNE	**BÜNDNIS 90/DIE GRÜNEN**	3
		Claudia Roth, Hans-Josef Fell, Christine Scheel, Jerzy Montag, Ekin Deligöz	
○	FDP	**Freie Demokratische Partei**	4
		Sabine Leutheusser-Schnarrenberger, Horst Friedrich, Dr. Maximilian Stadler, Dr. Rainer Stinner, Horst Meierhofer	
		DIE REPUBLIKANER	5

Stimmzettel zur Wahl (M1).

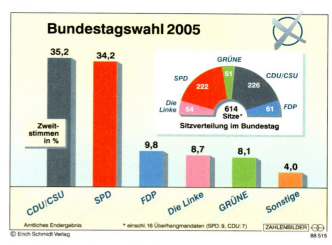

Das Kräfteverhältnis der Parteien nach der Bundestagswahl 2005 (M3).

Das Ergebnis: ein neuer Bundestag

Wenn am Abend einer Bundestagswahl die Wahllokale geschlossen haben, wird ausgezählt. Jetzt entscheidet sich, welche Partei die Wahl gewonnen hat. Die neu gewählten Abgeordneten treffen sich einige Zeit später im Berliner Bundestag. Eine ihrer wichtigsten Aufgaben ist es dann, einen neuen Bundeskanzler zu wählen.

Ein Bundeskanzler braucht mindestens die Hälfte der Stimmen der Abgeordneten. Nur sehr selten hat eine Partei nach der Wahl genügend Stimmen um das allein zu schaffen. Deswegen haben sich in der Vergangenheit in der Regel zwei Parteien im Bundestag zu *Koalitionen* zusammengeschlossen und dann einen neuen Kanzler gewählt. Der Kanzler bildet die Regierung und vergibt die Ministerämter an Abgeordnete der Koalitionsparteien.

Die Unterlegenen, nicht an der Regierung beteiligten Parteien, bilden die *Opposition*.

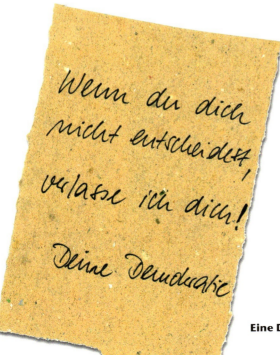

Eine Drohung (M2).

> Lexikon
>
> **Koalition**
>
> Als Koalition bezeichnet man den Zusammenschluss eigenständiger, voneinander unabhängiger Partner zu einem bestimmten Zweck. Wenn Parteien ein Bündnis bilden um gemeinsam zu regieren, nennt man das Regierungskoalition.

Parteien

Wir vertreten

Im Deutschen Bundestag ist eine große Zahl von Verbänden vor Ort aktiv. Warum?

„Umzingelt" von Verbänden

Fast jeder Schritt, den heutzutage ein Mensch in unserer Gesellschaft tut, wird begleitet von einer Organisation oder einem Verband. Stellvertretend setzen sie sich für die Interessen von Gruppen ein. Gehörst du vielleicht zu den Benutzern öffentlicher Verkehrsmittel? Und ärgerst du dich manchmal über teure Fahrkarten, überfüllte oder unpünktliche Busse? Dann vertritt der *Verband der Benutzer des Öffentlichen Personennahverkehrs* vermutlich deine Interessen, wenn er Fahrkarten zu günstigen Preisen und genügend Busverbindungen fordert.

Die Arbeit der Verbände

Wie setzen sich die Verbände für die Interessen der Menschen ein? Zum einen, indem sie ihre Anliegen veröffentlichen: Sie schreiben Zeitungsartikel, versuchen in Fernsehsendungen zu Wort zu kommen oder organisieren Informationsveranstaltungen. Andererseits versuchen sie durch Demonstrationen oder gar Streiks die Menschen aufzurütteln und Druck auf die Verantwortlichen auszuüben. Mit ihrer Arbeit üben sie großen Einfluss auf die Meinungsbildung der Bürger und auf deren Wahlverhalten aus.

Dazu kommt aber noch etwas: Durch die Beratung von Abgeordneten in den Parlamenten sollen Gesetzgebungsverfahren im Sinne des Verbandes beeinflusst werden. Deswegen gibt es im Bundestag eine so genannte *Lobby:* Dort dürfen Vertreter der zugelassenen Verbände ganz offiziell mit Abgeordneten des Deutschen Bundestags sprechen, ihre Interessen vortragen und versuchen einen Meinungsumschwung zu erreichen. Zudem sind Verbandsvertreter in der Regel Fachleute für bestimmte Gebiete und können Politikern Sachwissen vermitteln.

Ein Beispiel: Verbände und die „Gesundheitsreform"

Besonders lautstark haben sich in den letzten Jahren Verbände eingesetzt, die die Gesetzgebung zur Gesundheitsreform beeinflussen wollten. Dem Gesundheitsausschuss des Deutschen Bundestages wurde eine Vielzahl von Stellungnahmen zugeschickt, die dann von den zuständigen Abgeordneten sorgfältig durchgearbeitet werden mussten.

Der Bundesregierung ging es mit dem geplanten Gesetz darum, die Kosten im Gesundheitswesen zu senken. Hauptargument war, dass sonst die Krankenkassenbeiträge für die meisten Arbeiter und Angestellten immer weiter steigen würden. Gegen den Gesetzentwurf hatten viele Verbände etwas einzuwenden: So meinte die Bundesärztekammer, dass durch die geplanten Sparmaßnahmen die medizinische Versorgung nicht mehr in notwendigem Umfang vorgenommen werden könnte. Ebenso müsse eine Vernichtung unzähliger Arbeitsplätze befürchtet werden. Die kassenärztliche Bundesvereinigung meinte, dass die Patienten Wartelisten für medizinische Versorgung in Kauf nehmen müssten.

Falls die Verbände überzeugende Argumente vortragen, können sie bewirken, dass ein Gesetzentwurf noch einmal geändert wird. Entscheiden müssen darüber aber die Abgeordneten des Bundestages.

Das Bundesgesundheitsministerium wirbt für die Gesundheitsreform (M1).

Ihr Interesse!

Verbände gegen die Gesundheitsreform (M2).
Zum Entwurf eines Gesetzes zur Reform der gesetzlichen Krankenkassen ab dem Jahre 2000 erhielt der Gesundheitsausschuss des Deutschen Bundestages weit mehr als 100 Stellungnahmen von Verbänden. Unter ihnen waren zum Beispiel:

- Der Zentralverband der Augenoptiker
- Der Verband Deutscher Zahntechniker-Innungen
- Der Deutsche Sportbund
- Der Deutsche Heilbäderverband
- Der Landesverband für Körper- und Mehrfachbehinderte
- Die Bundesärztekammer
- Der Bundesverband des Pharmazeutischen Großhandels
- Der Bundesverband der Arzneimittelimporteure
- Arbeitsgemeinschaft für biologische Arzneimittel
- Die Bundesarbeitsgemeinschaft der Heilmittelverbände
- Der Bundesverband Deutscher Privat-Krankenanstalten
- Der Bundesverband der Ärzte für Orthopädie
- Der Bundesverband für ambulantes Operieren

? Gesundheitsreform

Protestplakat gegen die Gesundheitsreform der Bundesregierung aus dem Jahre 1999 (M3). Arztpraxen werden Protestmaterialien zur Verfügung gestellt, um sie den Patienten zugänglich zu machen.

Protestdemonstration gegen die Gesundheitsreform und gegen die damalige Gesundheitsministerin Andrea Fischer (M4).

Aufgaben in deinem Interesse

1. Erläutere die Bedeutung von Verbandsarbeit am Beispiel des morgendlichen Bustransports.

2. Welche Möglichkeiten haben Verbände, ihre Interessen durchzusetzen?

3. Überlegt, wo ihr die Arbeit von Verbänden – zum Beispiel im Bereich der Umweltpolitk – schon einmal wahrgenommen habt. Nennt Beispiele.

4. „Verbände sind wichtig, weil die Verbandsvertreter Politikern Fachwissen vermitteln. Die Politiker können schließlich nicht auf allen Gebieten, für die Entscheidungen getroffen werden müssen, Fachleute sein."
Nimm Stellung zu dieser Aussage. Überlege, wo sich möglicherweise auch Nachteile für die Politik aus der Zusammenarbeit mit Verbänden ergeben könnten.

Parteien

Nicht nur

Ob CDU oder SPD, ob Greenpeace oder NABU:
Auch für Jugendliche gibt es Möglichkeiten
mitzumischen.

Jugendliche können sich einmischen

Demokratie braucht Menschen, die sich einsetzen. Das gilt auch für junge Menschen. Denn sie haben eigene Interessen, oft andere Auffassungen als Erwachsene.

Für seine Interessen eintreten kann man auf vielfältige Weise. Zum Beispiel kann man sich in einer örtlichen Bürgerinitiative für die Einrichtung eines Jugendraums, in der Organisation Greenpeace für die Verhinderung von qualvollen Tiertransporten oder in einem Naturschutzbund (z.B. NABU) für den Schutz eines Feuchtbiotops im nahen Stadtwald einsetzen. Aber auch die Parteien bieten Möglichkeiten mitzumachen.

Die Jugendorganisationen der Parteien

Die Parteien der Bundesrepublik haben fast alle eine Jugendorganisation: So ist die Junge Union die Parteijugend der CDU, die Jungsozialisten (Jusos) die der SPD. Zwar sind sie eng mit der „Mutterpartei" verbunden, führen aber trotzdem oft ein sehr eigenständiges Leben. Sie organisieren eigene Veranstaltungen und geben unabhängig vom Programm der Partei ein eigenes Grundsatzprogramm heraus, mit dem sie zeigen wollen, wie nach ihrer Meinung die gesellschaftlichen Probleme gelöst werden sollen.

Für die Durchsetzung von Interessen braucht man Durchhaltevermögen. Denn das neue Jugendzentrum ist zwar schnell gefordert, aber im Gemeinderat schwer durchgesetzt. Häufig sind es aber gerade die Jugendorganisationen, die in den Städten und Gemeinden Dinge für Jugendliche in Bewegung bringen.

Jugendliche an einem Informationsstand einer Partei (M1).

Aufgaben für Junge

1. M4 gibt unterschiedliche Aussagen von Jugendlichen wieder. Fasse zusammen, was sie als Vor- und Nachteile des politischen Engagements in Parteien und Verbänden nennen. Kannst du einer oder mehreren der Äußerungen zustimmen?

2. In den Aussagen der Jugendlichen in M4 wird deutlich, dass auch „im Kleinen" Wirkung erzielt werden kann. Versuche näher zu bestimmen, was damit gemeint sein kann. Sammelt Beispiele dafür und sprecht über eure Vorschläge in der Klasse.

3. Informiert euch in Gruppen darüber, welche Jugendorganisationen es an eurem Wohnort gibt und wofür sie sich einsetzen. Stellt die Ergebnisse in der Klasse vor.

Demonstration des Vereins „Mehr Demokratie" in Berlin, 3. März 2000 (M3).

für Alte!

In Fröndenberg bewegen Jugendliche etwas (M5).

Die ältere Generation entscheidet in den Ämtern für die Jungen (M2).

Junge Union Fröndenberg setzt Discobus durch

Die Fröndenberger JU hat in einer Aktion zu Beginn des Jahres den Discobus durchgesetzt. Im Februar hatte die JU zwei Aktionen durchgeführt und dabei großen Anklang in der Öffentlichkeit gefunden. Bereits im März beschloss der Wegebau- und Verkehrsausschuss ein entsprechendes Konzept und seit August ist der Discobus zwischen Unna und Fröndenberg im Einsatz. Damit hat die JU viel für die Jugendlichen vor Ort getan. „Jetzt ist sichergestellt, dass Jugendliche für kleines Geld sicher nach Hause kommen", so fasste der Vorsitzende Dirk Sodenkamp (4. v. l.) die Meinung der Jugendlichen zusammen. Übrigens hat die JU Fröndenberg durch ihre Aktion auch weitere Mitglieder werben können.

Zit. nach: „bis 35" – das andere Jugendmagazin, hrsg. von der Jungen Union Nordrhein-Westfalen, Nr. 3/1999, S. 15.

„Da sehe ich, was ich gemacht habe" (M4)

Jugendliche über ihr politisches Engagement:
Ich habe bei einer ökologischen Bewegung in der Schule mitgemacht. Es ging um die Begrünung eines Teils des ehemaligen Todesstreifens an der Mauer. Das hatte Sinn, sonst wäre dort bis heute nichts passiert. Da sehe ich, was ich gemacht habe.

In verschiedenen Organisationen würde ich die Mitarbeit nicht ablehnen, Umweltschutzorganisationen oder sonstige Bewegungen. Nur denke ich, die Machtmöglichkeiten, also die Macht wirklich was zu bewegen, ist in der Politik größer als in irgendwelchen Organisationen. (…) Der gewisse Reiz der Politik ist dabeizusitzen, wo die Entscheidungen getroffen werden, da ganz konkret mitzugestalten.

Ich allein kann die Welt nicht verändern. (…) Man muss einfach im Kleinen anfangen, diese kleinen Schritte sind enorm wichtig. Mein Aktionsfeld ist auf keinen Fall die große Politik (…). Ich eigne mich nicht dafür, große Reden zu halten und leere Versprechungen zu machen. Anfangs glauben sie noch, dass sie ihre Versprechungen einhalten können. Aber dann wächst ihnen die Sache über den Kopf. Davor hätte ich Angst.

Zit. nach: Jugend '97, 12. Shell-Studie, Jugendwerk der Deutschen Shell (Hrsg.), Opladen 1997, S. 73.

Übrigens, über Politik könnt ihr euch auch im Internet informieren:
Bundespräsident:
www.bundespraesident.de
Bundesregierung:
www.bundesregierung.de
Parlament:
www.bundestag.de
www.bundesrat.de
Parteien:
www.spd.de
www.cdu.de
www.csu.de
www.fdp.de
www.gruene.de
www.sozialisten.de

Parteien

Ich BILDe mir

Vorher muss ich mich aber informieren.
Zeitungen bieten dafür eine gute Grundlage.
Aber trifft das für jede Zeitung zu?

Papa, wenn ein Baum im Wald umfällt und die Medien sind nicht dabei gewesen, um darüber zu berichten, ist dann der Baum wirklich umgefallen (M1)? *Karikatur.*

Zeitungen liefern Informationen

Ein wichtiges Gesetz wird beschlossen, ein Abkommen zwischen der Bundesrepublik und einem Nachbarstaat wird vereinbart, ein Politiker muss wegen eines Skandals zurücktreten: Am nächsten Tag können wir es genau in der Zeitung nachlesen.

Am nächsten Tag? Da weiß ich ja schon alles durch das Fernsehen! Stimmt, aber die Zeitung hat doch Vorteile. Wenn du etwas nicht verstanden hast, kannst du es noch einmal lesen; und oft sind die Artikel auch ausführlicher als die Nachrichten im Fernsehen.

In demokratischen Gesellschaften herrscht *Pressefreiheit*. Die Zeitungsmacher müssen ihre Artikel niemandem zur Genehmigung vorlegen. Das bedeutet, dass Dinge nur schwer verheimlicht werden können. Mehr noch: Die Presse hat in der Demokratie sogar die Aufgabe, die Bürgerinnen und Bürger so ausführlich zu informieren, dass diese in der Lage sind, sich über gesellschaftliche Ereignisse und Zusammenhänge ein genaues Bild zu machen. Vor dem Hintergrund dieser Informationen geben sie immerhin bei den Wahlen ihre Stimmen ab.

Presse macht Meinung

Zeitungen informieren nicht nur, sie veröffentlichen auch Meinungen von Journalisten *(Kommentare)*. Und indem sie die Bürgerinnen und Bürger auffordern, sich mit Kommentaren auseinander zu setzen, helfen sie ihnen zu einer begründeten, eigenen Meinung zu kommen. Aber aufgepasst: Gute Zeitungen trennen ganz genau zwischen den möglichst sachlich vermittelten Nachrichten und dem Kommentar. Wenn aber, wie etwa bei *Boulevardzeitungen*, Nachrichten und Kommentare vermischt werden, kann der Leser die Informationen von den Meinungen nicht mehr trennen. Er gerät in die Gefahr, die politischen Überzeugungen der Zeitungen zu übernehmen ohne weiter darüber nachzudenken. Er wird, ohne dass er es weiß, stark manipuliert. Das heißt: Sein Denken und Handeln wird von anderen beeinflusst.

Zeitungen können auch manipulieren, indem sie mit ihrer Berichterstattung ein bestimmtes Ereignis besonders in den Mittelpunkt rücken. Im Winter 1999/2000 war zum Beispiel die Parteispendenaffäre das Ereignis, das andere Themen in Zeitungen und Nachrichten stark in den Hintergrund drängte.

Presse und Politiker

Weil die Presse eine wichtige Vermittlungsfunktion hat, sind Zeitungsmacher darauf angewiesen, dass Politiker die Informationen des Tages an sie weitergeben. Andererseits wissen die Politiker auch, dass sie auf die Presseleute angewiesen sind: Wenn sie erfolgreich sein wollen, müssen sie in der Öffentlichkeit gut ankommen. Dies überlassen sie nicht dem Zufall: Politiker haben Medienberater, die ihnen Tipps für mediengerechtes Verhalten geben. Man plant den Auftritt vor den Presseleuten ebenso, wie auch Fernsehauftritte geprobt und auf ihre Wirksamkeit hin getestet werden.

Lexikon

Boulevardzeitung

Das französische Wort „boulevard" bedeutet „breite Straße". Der Begriff Boulevardzeitung bezeichnet Zeitungen, die ausschließlich „an der Straße", am Kiosk, verkauft werden, die man also nicht abonnieren kann. Boulevardzeitungen sollen die Neugier der Kunden wecken, indem sie Themen reißerisch präsentieren.

eine Meinung

Tageszeitungen vom 13. Februar 2001 (M2). Unterschiedliche Informationen zum Thema Genforschung in verschiedenen Zeitungen.

Eine Zensur findet nicht statt (M3)

Im Grundgesetz heißt es über die Pressefreiheit in Artikel 5:

(1) Jeder hat das Recht, seine Meinung in Wort, Schrift und Bild frei zu äußern und zu verbreiten und sich aus allgemein zugänglichen Quellen ungehindert zu unterrichten. Die Pressefreiheit und die Freiheit der Berichterstattung durch Rundfunk und Film werden gewährleistet. Eine Zensur findet nicht statt.

(2) Diese Rechte finden ihre Schranken in den Vorschriften der allgemeinen Gesetze, den gesetzlichen Bestimmungen zum Schutze der Jugend und in dem Recht der persönlichen Ehre.

Grundgesetz der Bundesrepublik Deutschland, Stand: Juli 1998.

BILDet euch!

1. Vergleiche die Zeitungsausschnitte zum Thema Genforschung (M2). Was fällt dir an den Überschriften auf?

2. Erkläre, wie die Arbeit der Presse vom Grundgesetz geschützt wird. Lies den 2. Absatz von M3 noch einmal genau durch. Versuche deinem Banknachbarn mit eigenen Worten zu erklären, wo die Grenzen der Pressefreiheit liegen. Was darf die Presse nicht tun? Vielleicht kennst du ja auch ein Beispiel?

3. Betrachte die Karikatur M1. Wie ist sie zu verstehen? Nimm Stellung dazu.

4. Vergleicht die Berichterstattung verschiedener Tageszeitungen. Wählt dazu eine Lokal- oder Regionalzeitung, eine überregional verbreitete Tageszeitung und eine Boulevardzeitung aus. Vergleicht die Nachrichten zu einem ausgewählten Thema und untersucht, wie sie dem Leser vermittelt werden. Achtet darauf, ob ihr eine Vermischung von Nachricht und Meinung feststellen könnt. Ihr könnt in Gruppen oder mit einem Partner arbeiten.

5. Erstellt in der Klasse eine Liste zu dem Thema „Ich würde mehr Zeitung lesen, wenn …" Ihr könntet sie als Anregung dem örtlichen Zeitungsverlag schicken.

Parteien

Gute oder

Das Fernsehen hat die Nase vorn

Nur ein Bruchteil der Zeit, die Jugendliche und Erwachsene vor dem Fernseher verbringen, fällt auf Nachrichten oder aktuelle Informationen aus Wirtschaft und Politik. Untersuchungen zeigen, dass über Programmangebote dieser Art eher „weggezappt" wird. Dem versuchen die Fernsehgesellschaften entgegenzuwirken. Eine Möglichkeit sehen die Sender darin, die Sendungen „aufzupeppen" – eine attraktive Moderatorin, ein ansprechendes Studio, kurze Beiträge, die die Zuschauer nicht ermüden. Dagegen ist nicht unbedingt etwas einzuwenden. Das Medium Fernsehen kann sich eben anders, abwechslungsreicher, auf die Zuschauerinnen und Zuschauer einstellen als die Zeitung.

„Stimmt, das hab ich im Fernsehen gesehen!"

Es gibt nicht wenige Fernsehjournalisten, die sich der Wahrheit verpflichtet fühlen und dabei – beispielsweise bei Berichten in Krisenregionen – ihr Leben riskieren. Das ist ein Grund, warum die meisten Menschen der Meinung sind, das Fernsehen berichtet wahrheitsgetreu und gibt die Dinge so wieder, wie sie sich ereignet haben. Außerdem erscheint der Eindruck, den man sich beim Fernsehen vom Tagesgeschehen machen kann, vollständiger: Die Wortbeiträge können „mit eigenen Augen" überprüft werden.

Doch um das Wichtigste des Tages zu vermitteln stehen den Redaktionen nur wenige Minuten zur Verfügung. Beiträge müssen gekürzt, Filmausschnitte ausgesucht, Wortbeiträge mit kurzen Filmen kombiniert werden. Da kann es durchaus vorkommen, dass die Kombination von Text und Bildern am Ende nicht ganz die „Wirklichkeit" trifft. Dies kann ohne, durchaus aber auch mit Absicht geschehen: Wie „dramatisch" oder sachlich Meldungen „rübergebracht" werden, liegt in der Hand der Redakteure.

Die Meldung als Show

Um möglichst viele Zuschauerinnen und Zuschauer anzusprechen legen einige Sendungen großen Wert darauf, die Meldungen spannend und unterhaltsam zu präsentieren.

Das Bemühen um mehr Unterhaltung zeigt sich am Inhalt und an der Form der Beiträge: An der Form, indem die Filme zum Beispiel einen schnellen Rhythmus bekommen oder mit Jingles unterlegt werden; am Inhalt, indem etwa auf anstrengende Hintergrundberichte und ausführliche Kommentare verzichtet wird. Stattdessen werden oft vordergründig die Gefühle der Zuschauerinnen und Zuschauer angesprochen. Zum Beispiel, wenn man darauf verzichtet die Ursachen eines kriegerischen Konflikts darzustellen und es vorzieht weinende Flüchtlinge zu zeigen. Ist das nicht auch ein Weg Zuschauerinnen und Zuschauer zu manipulieren?

Was Nina auf dem Schulweg passierte (M2).

schlechte Zeiten?

Aktuelles aus aller Welt – die Kamera ist ganz dicht am Geschehen …

Die Geschichte mit dem Pferd (M1)

Die Journalistin berichtet:

Es war am so genannten Landtag in Bethlehem. Das Pferd passte einfach nicht ins Bild. Ganz gelassen stand das Tier in der Nähe der Straße, wo sich Steine werfende Palästinenser und mit Tränengas bewaffnete israelische Soldaten aus der Entfernung ein Gefecht lieferten. (…) Was aber am Abend dann die Fernsehbilder in aller Welt vom Schauplatz zeigten, sah aus wie echter Krieg. Das Pferd war nirgendwo zu sehen, obwohl die Kamerateams denselben Standort gewählt und folglich das Tier ungewollt andauernd im Bild hatten. Seine Anwesenheit aber hätte den Eindruck einer echten Kampfatmosphäre zerstört. So war gewartet worden, bis das Pferd endlich ging.

Zit. nach: Gisela Dachs, Das Pferd muss weg. In: Die Zeit 25/1997, S. 51.

Aufgaben lösen statt fernsehen

1. Wie sieht dein Fernsehprogramm aus? Untersuche deine Sehgewohnheiten besonders hinsichtlich der Informationssendungen.

2. Was tun die Fernsehredaktionen um ihre Nachrichtensendungen interessanter zu machen? Vergleiche dazu die Nachrichten verschiedener Sender.

3. Lies M1 und nimm zu der Vorgehensweise der Kameraleute Stellung.

4. Betrachte die Bildfolge M2. Verfasse eine mögliche Nachrichtenmeldung zu den Bildern. Tragt eure Meldungen in der Klasse vor. Worin unterscheiden sie sich? Wie erklärt ihr die Unterschiede?

5. Welche Anforderungen stellst du an eine gelungene Berichterstattung?

Parteien

Kapitelende!

Ein rätselhaftes

… seht ihr auf diesem Foto.
Es ist Teil eines Gebäudes mit
wichtiger Funktion.

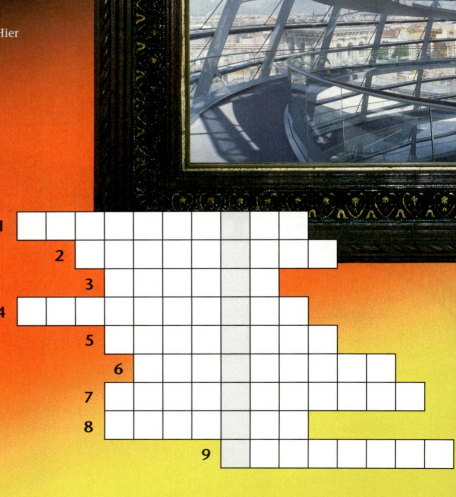

Ein deutscher Kaiser legte den Grundstein des Gebäudes im Jahr 1884, doch erst zehn Jahre später konnte es endlich eingeweiht werden. Mit dem Ergebnis war man aber nur bedingt zufrieden, denn es zeigte sich, dass – trotz seiner ausladenden Größe – zu wenig Räume für die Menschen, die in dem Gebäude arbeiten sollten, eingeplant worden waren. Dennoch wurde es zu einer Art Wahrzeichen – in doppeltem Sinn: Zuerst stand es für Demokratie, dann für politischen Terror. Im Zweiten Weltkrieg war es zur Ruine geworden. Für die Bundesrepublik Deutschland erhielt es erst im Jahr 1999 seine bedeutende Funktion: Hier tagt das …

Gebilde

Zeichne die Vorlage des nebenstehenden Rätsels in dein Heft ab. Nun kannst du das Rätsel lösen: *Finde* die passenden Begriffe für die folgenden Umschreibungen und *schreibe* sie unter der entsprechenden Nummer in die Vorlage in deinem Heft.

(1) das politische System der Bundesrepublik Deutschland
(2) wertende Darstellung in den Medien
(3) politische Vereinigung
(4) Wahlstimme für einen Kandidaten
(5) Name des deutschen Bundeskanzlers, der 1949 das Grundgesetz unterschrieb
(6) Zusammenschluss von Parteien in der Regierung
(7) Aufgabe der Medien in der Demokratie
(8) Vereinigung, die bestimmte Interessen vertritt
(9) schriftlich formulierte Grundsätze einer Partei

Wenn du die Buchstaben der markierten Spalte *von unten nach oben* liest, kannst du den letzten Satz auf der linken Seite vervollständigen.
Und nun weißt du auch, welches Gebäude gemeint ist, oder?

Gemeindepolitik

Wir machen

Blick auf Weinsberg und die spätromanische Johanniskirche (M1). Weinsberg liegt bei Heilbronn im Bundesland Baden-Württemberg in Deutschland. *(Undatierte Aufnahme)*

In einer Gemeinde werden sehr viele Entscheidungen getroffen, die direkte Auswirkungen auf die Menschen haben. Das kann z. B. das Wohnumfeld, Verkehr, Schulen und Freizeiteinrichtungen betreffen.

Wer seine Stadt liebt, dem kann es auch nicht gleichgültig sein, wenn manches nicht in Ordnung ist. Auch Kinder und Jugendliche ärgern sich zu Recht, wenn für sie zu wenig getan wird. Aufregen ist gut, viel besser aber ist, sich „einzumischen", damit etwas verändert wird.

Wer trifft eigentlich Entscheidungen in einer Gemeinde? In welcher Weise können sich Bürger aber auch Jugendliche beteiligen, um ihre Interessen einzubringen? In diesem Kapitel erfährst du es.

In diesem Kapitel erfahrt ihr ...

wie eine Gemeinde verwaltet wird ...

Kinder interviewen die Bürgermeisterin (M2). Sie berichtet über ihre Arbeit.

welche Aufgaben das Rathaus zu bewältigen hat ...

Rathaus (M3). Hier können die Bürger ihre Anliegen vortragen.

Gemeindepolitik

was heute alles in der Stadt geregelt werden muss …

Tägliche Müllmenge (M4). So viel Müll erzeugt im Durchschnitt ein Bürger im Jahr.

was Jugendliche tun können, um ihr Ziel zu erreichen …

Schüler organisieren eine Zählung (M5).

wie Kinder sich einmischen, um ihre Forderungen durchzusetzen …

Kind im Rollstuhl (M6). Auf behinderte Menschen sollte eine Stadt Rücksicht nehmen, wenn sie Straßen oder Gebäude plant.

Gemeindepolitik

„Guten Tag, direkt"
die Schülerzeitung fragt nach

Was ist eine Bürgermeisterin?

Jedes Bundesland besteht aus vielen unterschiedlich großen Städten und Dörfern. Mehrere Dörfer können eine *Gemeinde* bilden. Zur Gemeinde oder zur Stadt gehören alle Menschen, Häuser, Straßen oder Fabriken innerhalb der Gemeinde- oder Stadtgrenzen.

In Städten mit mehr als 25 000 Einwohnern gibt es immer eine Oberbürgermeisterin oder einen Oberbürgermeister, in Orten unter 25 000 Einwohnern eine Bürgermeisterin oder ein Bürgermeister.

Bürgermeister oder Oberbürgermeister verwalten gemeinsam mit dem Stadt- oder Gemeinderat die Stadt oder die Gemeinde. Das heißt, sie sorgen dafür, dass das Leben im Ort funktioniert. Für alles, was dort geschieht, ist der Bürgermeister verantwortlich.

Eine Schülerzeitung fragt nach

In der Redaktionssitzung der Schülerzeitung *direkt* ist man sich nicht einig. Tanja hat bei einer Stadtführung die Bürgermeisterin kennen gelernt. Sie erzählt von den vielen Aufgaben und der Verantwortung, die sie hat. Nicole aber meint, dass Bürgermeister doch nur zu besonderen Anlässen eingeladen werden und vielleicht noch ab und zu eine Rede halten.

Es stellt sich heraus, dass keiner so recht weiß, wie der Alltag eines Bürgermeisters aussieht. Also beschließen die Kinder, die Bürgermeisterin selbst zu befragen und das Interview in der Schülerzeitung abzudrucken. Nicole und Jonas bitten im Rathaus um einen Termin und haben Glück.

Unsere Redaktion im Gespräch mit der Bürgermeisterin (M1). Redakteurin Nicole und Redakteur Jonas wollen es diesmal ganz genau wissen: Was macht eigentlich eine Bürgermeisterin den ganzen Tag?

Das Interview im Rathaus (M2)

direkt: „Guten Tag, Frau Bürgermeisterin! Es freut uns, dass Sie sich für uns Zeit genommen haben."

Bürgermeisterin: „Gern geschehen!"

direkt: „Wie lange dauert eigentlich ihr Arbeitstag?"

Bürgermeisterin: „Meist komme ich morgens um 8 Uhr ins Büro und kann gegen 18 Uhr wieder nach Hause gehen. Jedoch haben wir zwei- bis dreimal in der Woche Sitzungen des Stadtrates. Diese Sitzungen muss ich leiten. An solchen Tagen habe ich erst gegen 22 Uhr Feierabend."

direkt: „Haben Sie allein zu bestimmen, was in unserer Stadt geschieht?"

Bürgermeisterin: „Oh nein. Zunächst einmal gibt es den Stadtrat. Wir beraten und beschließen gemeinsam über Probleme und Fragen, die die Stadt betreffen. Und außerdem sind wir ja von den Bürgerinnen und Bürgern gewählt worden. Ihre Wünsche sind daher für uns von großer Bedeutung."

direkt: „Welche Aufgaben haben Sie als Bürgermeisterin?"

Bürgermeisterin: „Als Bürgermeisterin versuche ich, über alles in der Stadt informiert zu sein. Dann muss ich darauf achten, wofür Geld ausgegeben wird – zum Beispiel für ein Schwimmbad oder doch lieber für einen Kindergarten. Außerdem vertrete ich die Stadt in Sitzungen, bei denen es um unsere Interessen geht. Beispielsweise wenn beschlossen werden soll, ob eine neue Fabrik gebaut wird, in der viele Menschen aus unserem Ort arbeiten können. Wichtig ist mir auch, dass die Bürgerinnen und Bürger mit ihren Problemen zu uns kommen. Deswegen halte ich Bürgersprechstunden ab. Ja, und dann wird von mir erwartet, dass ich bei öffentlichen Ereignissen dabei bin, Reden halte, Gäste empfange und sie in unserer Stadt willkommen heiße."

direkt: „Vielen Dank für das Interview."

Frau Bürgermeisterin!"

Dass es Bürgermeister gibt, wisst ihr vermutlich.
Aber welche Aufgaben haben eigentlich Bürgermeister
und wie werden sie gewählt?

Die Gemeindeverfassung in Nordrhein-Westfalen (M3). Sie legt beispielsweise genau fest, was bei der Wahl des Bürgermeisters oder des Stadtrates zu beachten ist. Selbstverständlich ist in der Gemeindeverfassung noch sehr viel mehr geregelt. Wenn ihr wollt, könnt ihr euch beim Rathaus eine besorgen und einmal hineinschauen.

Fragen rund ums Rathaus

1. Lies den Text und das Interview. Schreibe auf, welche Aufgaben eine Bürgermeisterin oder ein Bürgermeister hat.

2. Betrachte das Schaubild M3. Für welchen Zeitraum werden Bürgermeister oder Oberbürgermeister und die Gemeinde- und Stadträte gewählt? Wer wählt sie?

3. Erkundigt euch bei euren Eltern oder im Rathaus, wie die Bürgermeisterin oder der Bürgermeister eurer Gemeinde oder Stadt heißt.

4. Ladet ein Mitglied des Stadt- oder Gemeinderates in die Klasse ein. Fragt sie, welche wichtigen Dinge in den letzten Sitzungen beschlossen wurden. Lasst euch genau erklären, was diese Beschlüsse für eure Stadt oder Gemeinde bedeuten.

Lexikon
Stadtrat oder Gemeinderat

Alle fünf Jahre wird der Stadt- oder Gemeinderat gewählt. Der Rat erfüllt gemeinsam mit dem Bürgermeister die Aufgaben in einer Kommune. Bürgermeister oder Oberbürgermeister leiten die Ratssitzungen.

Gemeindepolitik

Viele Aufgaben –

Das Rathaus in Neustadt (M1). Das Rathaus liegt meist mitten in der Stadt. Dort ist es für jeden schnell erreichbar.

Schulbus (M2). Das Geld für die Fahrkarte kann man beim Ordnungsamt beantragen.

Das Rathaus und seine Ämter

Neben dem Bürgermeister und den Stadt- oder Gemeinderäten arbeiten noch viele andere Menschen in einem Rathaus. Für die unterschiedlichen Aufgaben, die in einer Stadt oder Gemeinde erledigt werden müssen, gibt es eigene Abteilungen, die *Ämter*.

Jedes Amt hat festgelegte Zuständigkeiten. Wenn ihr beispielsweise einen Kinderausweis benötigt, seid ihr beim *Sozialamt* an der völlig falschen Stelle. – Es ist wirklich nicht immer ganz leicht, sich zurechtzufinden. Hinweistafeln, Wegweiser und ein Informationsschalter helfen euch aber weiter.

Yvonne soll eingeschult werden

Yvonnes Eltern sind umgezogen. Da Yvonne eingeschult werden soll, möchte sich die Mutter im Rathaus über alles zum Thema Einschulung informieren.

Am Informationsschalter verweist man sie ans *Schulamt*. Dort erklärt ihr die Sachbearbeiterin, in welche Schule Yvonne demnächst gehen wird.

Da die Schule von Yvonne weit entfernt ist, wird Yvonne mit dem Bus zur Schule fahren müssen. Um die Busfahrkarten kümmert sich normalerweise die Schule direkt. Da aber schon Ferien sind, ist nun das *Ordnungsamt* zuständig. Dort hilft ein Mitarbeiter Yvonnes Mutter beim Ausfüllen der Anträge für den Fahrausweis.

Behördenwegweiser im Rathaus (M5). Jedes Rathaus hat eine Hinweistafel. Mit ihrer Hilfe findet jeder das Amt, das er für sein Anliegen braucht.

RATHAUS der Stadt
Behördenwegweiser

Information	Erdgeschoss	**Schulamt**	1. Stock, Zi. 110–116
		Information zu Schulstandorten und	
Bürgermeister	Erdgeschoss, Zi. 001	Bildungsmöglichkeiten, Beratung und	
Anmeldung zur Bürgersprechstunde, Zi. 002		Betreuung ausländischer Schulkinder	
		Ordnungsamt	2. Stock, Zi. 201–206
Standesamt	1. Stock, Zi. 101–106	Personal- und Kinderausweis, polizei-	
Heiratsangelegenheiten, Bestellung von		liches Führungszeugnis, Einwohner-	
Aufgeboten für Eheschließungen,		meldestelle, Ausländerbehörde, Angel-	
Personenstandsurkunden, Ausfertigung von		schein, Schülerfahrkarten, Fundbüro	
Geburts-, Abstammungs-, Heirats- und			
Sterbeurkunden, Angelegenheiten der		**Bauamt**	3. Stock, Zi. 301–306
Namensführung und -änderung,		Bearbeitung von Bauanfragen,	
Beantragung eines Familienbuches		Erteilung von Baugenehmigungen,	
		Abbrucharbeiten	

wer löst sie?

In einer Stadt oder Gemeinde sind jeden Tag viele Aufgaben zu bewältigen. Aber *wer* ist eigentlich im Rathaus *für was* zuständig?

Auf Klassenfahrt (M3). Wenn Eltern das Geld für eine Klassenfahrt nicht aufbringen können, hilft vielleicht das Sozialamt weiter.

Laura (M4). Wie jedes Neugeborene muss auch die Schwester von Mike beim Standesamt in das Geburtenregister eingetragen werden.

Geld für die Klassenfahrt

Die Klasse 8a plant eine Klassenfahrt nach Trier, um sich dort auf die „Spuren der Römer" zu begeben.

Britta weiß noch nicht, ob sie mitfahren kann. Ihr Vater ist seit sechs Monaten arbeitslos und die Familie kann sich keine zusätzlichen Ausgaben leisten.

Brittas Klassenlehrerin redet mit den Eltern und rät, zum Sozialamt zu gehen. Dort erklärt der Vater der zuständigen Beamtin das Problem.

Das Sozialamt kann die Kosten für die Klassenfahrt übernehmen. Brittas Vater muss dazu einen Antrag ausfüllen und noch eine Bescheinigung des Arbeitsamtes beilegen.

Mike hat eine Schwester bekommen

Mike ist ganz stolz. Gestern wurde Laura geboren, seine kleine Schwester. Wie jedes Neugeborene muss auch Laura in das Geburtenregister beim *Standesamt* eingetragen werden.

Mike sitzt mit seinem Vater beim Standesbeamten. Sein Vater teilt dem Beamten mit, wann Mikes Schwester geboren wurde und dass sie Laura heißen soll. Mikes Vater erhält eine Geburtsurkunde, die zu der Heiratsurkunde der Eltern und Mikes Geburtsurkunde in das Familienstammbuch gelegt wird.

Neustadt

Sozialamt	**4. Stock, Zi. 401–406**
Beratung und Hilfe zu allen Fragen des Lebensunterhalts (Sozialhilfe, Wohngeld), Anträge auf Hilfe zum Lebensunterhalt, Jugendschutz, Ausbildungsförderung	
Amt für Wasser- und Abfallwirtschaft	**5. Stock, Zi. 501–506**
Sperrmüllabfuhr, Verwaltung der Mülldeponie, Gewässerreinhaltung und Gewässerschutz, Verwaltung der städtischen Kläranlage	
Hausmeister	**Erdgeschoss, Zi. 006**
Toiletten	**Tiefgeschoss**

Richtungsweisende Aufgaben

1. Befragt eure Eltern, zu welchen Ämtern sie bereits gegangen sind und warum. Berichtet darüber in der Klasse.

2. Listet auf, welche Ämter im Text und in M5 vorgestellt werden. Erklärt, welche Aufgaben diese Ämter haben.

3. Besucht das Rathaus in eurem Wohn- oder Schulort. Erkundet, wo der Wegweiser und der Informationsschalter sind. Schreibt auf, welche Ämter es in eurem Rathaus gibt. Erkundigt euch, ob es noch weitere Ämter in anderen Gebäuden oder Orten gibt, die für eure Gemeinde zuständig sind.

4. In deiner Schule würden sich neue Schüler und Gäste besser zurechtfinden, wenn es einen Wegweiser gäbe. Fertigt für eure Schule so einen Wegweiser an und hängt ihn in der Pausenhalle auf.

Gemeindepolitik

Hauptsache,

Mit dem Müll, den jeder von uns täglich produziert, haben die Stadt oder die Gemeinde eine Menge Arbeit. Aber was geschieht eigentlich mit dem ganzen Müll?

Ein ganz normaler Wochenendeinkauf – und was davon übrig bleibt (M1)!

Müll vom Dienstag:

1 Zahncremetube, 3 Joghurtbecher, 3 Teebeutel, Reklame aus der Zeitung, Kaugummipapier, 1 Fahrschein, 1 Tintenpatrone, 7 Schreibblätter, 2 Limodosen, 1 Müsliriegelpapier, 1 Butterbrotpapier, Bleistiftreste, 1 Filzstift, 2 Trinkpäckchen, 1 Frittenschälchen, 1 volles Heft, 1 Zeitung, 1 Milchtüte, Abendbrotreste, 2 Chipstüten

Wer macht denn nun den ganzen Müll?

Noch vor dreißig Jahren waren viele Waren kaum verpackt. Nicht selten brachte man zum Einkaufen die Verpackung einfach mit. Heute sind die Waren manchmal sogar mehrfach verpackt. Daraus entstehen Müllberge, die den Städten und Gemeinden große Entsorgungsprobleme bereiten.

Manfred hat einmal gesammelt und aufgeschrieben, was er an einem einzigen Tag so alles wegwirft. Damit wollte er seinen Klassenkameraden zeigen, wie viel Müll jeder von uns verursacht. Auf der linken Seite seht ihr seinen Bericht.

Das war aber nur der Abfall eines einzigen Tages. Es gibt jedoch Tage, an denen fällt noch mehr Müll an, zum Beispiel wenn gefeiert wird und viele Einwegflaschen verbraucht werden oder an Festtagen, an denen viel Geschenkpapier anfällt.

der Dreck ist weg

Was man aus Müll machen kann (M2)

Lexikon

Recycling

Einige Bestandteile des Hausmülls können wieder verwendet werden. Wenn du beispielsweise alte Flaschen in den Glascontainer wirfst, können daraus neue Flaschen und Gläser gemacht werden. Was so alles möglich ist, zeigen wir dir hier.

Altpapier. Aus alten Zeitungen und Zeitschriften kann man wieder neues Papier herstellen.

Flaschen und Gläser. Durch Einschmelzen kann man aus ihnen eine Vielzahl neuer Gefäße erzeugen.

Aluminium. Auch wenn die Wiedergewinnung von Aluminium aus Müll teuer ist, lohnt sich auch hier das Recycling.

Alteisen. In kleinste Stücke zerfetzt kann man in Stahlwerken daraus Baustahl gewinnen.

Kunststoff. Aus kleinen Kunststoffteilchen können beispielsweise bestimmte Autoteile produziert werden.

Was geschieht mit dem Müll?

Die Klasse war von Manfreds Bericht beeindruckt. Die Schüler beschlossen, im Rathaus nachzufragen, was mit dem Müll in ihrer Stadt geschieht.

Im zuständigen *Amt für Wasser- und Abfallwirtschaft* erklärte man ihnen, dass die Entsorgung des anfallenden Abfalls der Stadt zu einem großen und teuren Problem geworden ist. Deshalb ist es auch notwendig, dass jeder Bürger seinen Müll trennt: In die *grüne Tonne* kommt das Altpapier, in die *gelbe Tonne* Verpackungen aus Plastik oder Aluminium und in die *Biotonne* der Bioabfall. Für den verbleibenden Restmüll ist die *graue Tonne* da und Altglas gehört in den Glascontainer.

Die Entsorgung des Mülls haben private Unternehmen übernommen, da die Stadt selbst überfordert ist. Private Firmen kümmern sich auch um die Wiederverwertung: Altpapier und der Abfall aus der gelben Tonne können zum großen Teil wieder verwendet und der Bioabfall kompostiert werden. Aber der Restmüll macht der Stadt schwer zu schaffen. Er wird entweder in der Müllverbrennungsanlage verbrannt oder auf der Mülldeponie gelagert. Beides ist teuer und die Umwelt leidet sehr darunter. Es gibt nur eine wirkliche Lösung des Problems: Weniger Müll produzieren!

Wohlsortierte Aufgaben

1. Erstellt eine Tabelle mit 5 Spalten. Tragt die fünf Arten des Recycling aus M2 ein. Ordnet den recycelbaren Müll, den Manfred auflistet, in die Spalten der Tabelle ein.

2. Schreibt auf, was ihr alles im Laufe eines Tages wegwerft. Wiegt euren Müll. Errechnet, wie viel Kilogramm Müll ihr jeden Tag, jeden Monat und jedes Jahr produziert.

3. Erkundigt euch im Rathaus, welches Amt bei euch für die Abfallbeseitigung zuständig ist. Erfragt, wie der Müll eures Ortes entsorgt wird.

4. Es gibt viele Möglichkeiten, Müll zu vermeiden. Am besten fängt man schon in der Schule damit an. Hier ein paar Tipps, womit ihr beginnen könnt:
– Kolbenfüller benutzen, die nachgefüllt werden,
– Solarrechner statt batteriebetriebene Rechner kaufen,
– Schulfrühstück in die Butterbrotbox statt in die Plastiktüte, …

Findet weitere Tipps, wie ihr in der Schule Müll vermeiden könnt. Malt ein Plakat, mit dem ihr auch eure Mitschülerinnen und Mitschüler zur Müllvermeidung auffordert.

Gemeindepolitik
Gewusst wie

Und was ist,

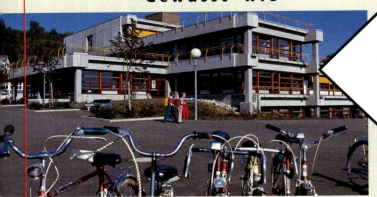

Unsere neue Schule ist Klasse. Aber wenn's mal regnet, sieht es für die Rad und Bus fahrenden Kinder trübe aus …

Die neue Schule

Die neue Hauptschule wurde zum Schuljahresbeginn feierlich eingeweiht. Der Schulhof hat einen kleinen Spielplatz und auch im Schulgebäude gibt es schöne Aufenthaltsräume. Anscheinend war an alles gedacht worden. Wirklich? Es ist Schulschluss und Tamara schaut bedenklich aus dem Fenster. Gleich wird es wieder anfangen zu regnen und an der Bushaltestelle gibt es keine Möglichkeit sich unterzustellen. Sie würde wieder einmal pitschnass nach Hause kommen. Überall gibt es Bushäuschen. Warum nicht auch an der Haltestelle der Schule?

Auch Sven geht es ähnlich. Er kommt mit dem Fahrrad zur Schule, und es macht einfach keinen Spaß, sich auf einen nassen Sattel zu setzen. Besser wäre es, wenn man sein Rad irgendwo unterstellen könnte.

Im Unterricht sprechen sie das Thema an. Nun wird gemeinsam überlegt, was unternommen werden könnte.

Zahlen überzeugen am besten

Sven und Tamara haben sich bereit erklärt, bei der Rektorin ihrer Schule, Frau Effert, nachzufragen. „Ich fürchte, ihr habt Recht", meinte Frau Effert, „daran hat die Stadtverwaltung sicherlich nicht gedacht. Wenn wir aber Unterstellmöglichkeiten bei der Gemeinde beantragen wollen, brauchen wir gute Argumente."

Und dann hat Frau Effert *die* Idee: „Wenn wir der Stadtverwaltung nachweisen können, wie viele Kinder mit dem Fahrrad oder dem Bus zur Schule kommen, haben wir vielleicht eine Chance."

Frau Effert schlägt vor, eine Woche lang vor Schulbeginn und nach Schulschluss eine Zählung durchzuführen. Die ganze Klasse will sich daran beteiligen. Aber wie sollen die Schülerinnen und Schüler die Zählung am besten organisieren und wie können die Ergebnisse dargestellt werden?

Total verregnete Aufgaben

1. Zählt an eurer Schule, wie viele Schülerinnen und Schüler mit dem Bus, wie viele mit dem Fahrrad und wie viele zu Fuß kommen.

2. Stellt das Ergebnis eurer Zählung in einem Säulendiagramm dar. Vielleicht kann euch eure Mathelehrerin oder euer Mathelehrer dabei helfen.

3. Sucht in Zeitungen oder Zeitschriften nach Säulendiagrammen und versucht sie der Klasse zu beschreiben.

4. Ermittelt, wie viele Kinder in eurer Klasse in welchem Monat Geburtstag haben. Stellt das Ergebnis als Strichliste und als Säulendiagramm dar.

wenn's mal regnet?

Bei einer Zählung müssen bestimmte Regeln beachtet werden. Vor allem müsst ihr euch darüber klar werden, **was** ihr zählen und **warum** ihr zählen wollt. Auch solltet ihr überlegen, **wann**, **wie lange** und **wo** ihr zählen wollt.

Gewusst wie

Eine Zählung organisieren

1. **Klärt,** was und warum ihr zählen wollt.
2. **Überlegt dann,** über welchen Zeitraum eure Zählung gehen soll.
3. **Legt** den Ort fest, an dem ihr zählen müsst.
4. **Teilt euch in Gruppen ein** und sorgt dafür, dass mehrere das Gleiche zählen. Damit vermeidet ihr Fehler und eure Ergebnisse werden genauer.
5. **Wählt** eine Form aus, in der ihr eure Ergebnisse präsentieren wollt, z. B. in einer Strichliste oder in einem Säulendiagramm.

Mit Zahlen arbeiten

Die Klasse 6b will Schülerinnen und Schüler zählen, die mit dem Fahrrad oder dem Bus in die Schule kommen **(was)**. Das Ergebnis der Zählung soll den Gemeinderat davon überzeugen, dass Unterstellmöglichkeiten für Fahrräder und ein Bushäuschen gebaut werden müssen **(warum)**. Die Klasse zählt vor Unterrichtsbeginn und nach Schulschluss **(wann)**, und zwar eine ganze Woche lang **(wie lange)**. Damit keine Schülerinnen und Schüler übersehen werden, darf nicht nur am Haupteingang, sondern muss auch am Nebeneingang gezählt werden **(wo)**.

Die einfachste Art, ein Zählergebnis festzuhalten, ist die *Strichliste* (M3). Dazu zeichnet man eine Tabelle mit Spalten und Zeilen. Für jedes Kind, das mit dem Bus oder dem Fahrrad zur Schule kam, zogen die Kinder in unserem Beispiel einen Strich in die entsprechende Spalte und Zeile auf ihrer Liste.

Eine Strichliste hat den Nachteil, dass sie recht unübersichtlich ist. Will man wissen, wie viele Kinder nun mit dem Bus oder dem Fahrrad kommen, muss man immer erst nachzählen.

Mit einem *Säulendiagramm* (M4) kann man das Ergebnis anschaulicher darstellen: Zeichnet eine senkrechte und eine waagrechte Linie. Die Linien unterteilt ihr in gleich große Abschnitte (nehmt am besten ein Rechenblatt). Die senkrechte Linie gibt die Menge der Schüler an und die waagrechte Linie zeigt, um welche Schüler es sich dabei handelt.

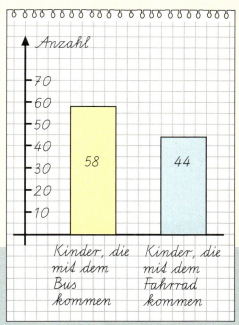

Strichliste (M3). Mit ihr kann man am leichtesten ein Zählergebnis darstellen.

Säulendiagramm (M4). Diese Art, ein Ergebnis darzustellen, ist sehr übersichtlich.

Die Klasse 8b beim Zählen (M1, M2). „Vor Ort" wird die Anzahl der Schülerinnen und Schüler, die mit dem Bus (links) oder dem Fahrrad (rechts) kommen, in Strichlisten eingetragen.

Gemeindepolitik

Eine RAMPE

Thomas sitzt im Rollstuhl

Im Hallenbad hatte Thomas einen schweren Unfall. Er sprang ins Becken und schlug mit dem Rücken auf den Rand. Jetzt ist Thomas gelähmt und muss im Rollstuhl sitzen.

Seit er wieder in die Schule kommt, kümmern sich seine Mitschüler um ihn. Kein Ort, an dem sie ihn nicht mitnehmen. Zum Glück gab es im Schulgebäude selbst kein Problem: Ihr Klassenzimmer und auch die Fachräume liegen im Erdgeschoss. Eines stört jedoch: Thomas nimmt zwar nicht am Sportunterricht teil, doch wäre er gerne dabei. Zur Sporthalle führen aber mehrere Stufen hinauf. Allein kann Thomas das

Selma: „Wir brauchen eine Rampe an unserer Sporthalle."
Andreas: „Ein Klassenkamerad von uns sitzt nämlich im Rollstuhl."
Dame an der Auskunft: „Am besten, ihr sprecht mit der Bürgermeisterin. Ihr habt Glück, heute Nachmittag ist Sprechstunde."

Bürgermeisterin: „Ihr möchtet also an der großen Sporthalle am Schulzentrum eine Rampe haben. Ich bin mir sicher, dass auch schon andere Rollstuhlfahrer bei Sportveranstaltungen Probleme hatten, in die Halle zu kommen. Dass bisher niemand auf diese Idee gekommen ist …? Ich sage euch, wie ihr vorgehen müsst: Stellt einen Antrag an den Gemeinderat. Der Antrag wird dann auf die Tagesordnung der nächsten Bausitzung gesetzt. Ich werde den Gemeinderatsmitgliedern vorschlagen, sich die Situation an der Sporthalle vorher noch einmal anzuschauen. Ich gebe euch auf jeden Fall Bescheid, wenn die Termine feststehen."

Selma: „Oh je, was ist denn hier los?"
Andreas: „Ich glaube, hier finden wir uns nie zurecht!"

... aber was muss man unternehmen, damit die Gemeinde auch wirklich eine baut?

wird gebraucht

Aufgaben ohne Hindernisse

1. Lest die Fotogeschichte. Beschreibt, welche Schritte erforderlich waren, bis die Rampe gebaut wurde.

2. Vermutet, welche Gründe besonders wichtig waren, dass die Gemeindeverwaltung dem Bau einer Rampe zustimmte.

3. Geht durch eure Schule. Ermittelt, ob es Gefahrenquellen gibt, die beseitigt werden sollten. Wertet die Ergebnisse mit eurer Lehrerin oder eurem Lehrer aus.

4. Bildet Gruppen und macht einen Spaziergang durch euren Schulort. Stellt fest und notiert, welche öffentlichen Gebäude (z. B. Bücherei, Postamt, Schwimmbad, Kirche) für Rollstuhlfahrer oder Eltern mit Kinderwagen gut zu erreichen sind.

5. Erstellt eine Liste jener Gebäude in eurem Schulort, die behindertenfeindlich sind. Wenn ihr wollt, könnt ihr eure Liste der Lokalzeitung zusenden.

Hindernis nicht überwinden. Er ist immer auf die Hilfe anderer angewiesen. In der Klasse ist man sich einig: So etwas darf doch in einer Schule nicht sein. Das Problem wird mit dem Klassenlehrer diskutiert.

Die Lösung ist klar: Eine Rampe muss her. Ist dafür nicht die Gemeinde zuständig? Die Klasse beschließt, Andreas und Selma ins Rathaus zu schicken und eine Rampe zu beantragen. Werden sie Erfolg haben?

Selma: „Andreas hat euch ja erzählt, wie es war. Wir müssen jetzt unbedingt den Antrag schreiben und im Rathaus abgeben. Claudia, schreibst du den Antrag? Du hast doch von uns die schönste Schrift. Jetzt sollten wir nur noch schnell beraten, was wir genau hineinschreiben wollen."

Rathaus Oberhausen
– Bürgermeisterin –

Antrag: Rampe für die Sporthalle

Sehr geehrte Frau Bürgermeisterin, wir beantragen, an der Sporthalle am Schulzentrum eine Rampe zu errichten. Die Rampe ist für unseren Klassenkameraden Thomas, der im Rollstuhl sitzt. Er soll, wie auch alle anderen Rollstuhlfahrer, z. B. bei Sportveranstaltungen ohne fremde Hilfe in die Sporthalle kommen können.

Für die Klasse 8c
Selma Kaufmann

1. Ratsmitglied: „Die Rampe muss gar nicht so lang sein."
2. Ratsmitglied: „Was das wieder kostet!"
3. Ratsmitglied: „Ach, nur ein Hänger Sand und ein paar Sack Zement."
4. Ratsmitglied: „Dann können künftig wenigstens alle Rollstuhlfahrer an Veranstaltungen in der Sporthalle teilnehmen."

Selma: „Hier steht, dass in den nächsten Wochen die Rampe gebaut wird."
Schüler 1: „Prima, ich hätte nie gedacht, dass wir das schaffen."
Schüler 2: „Dann hat sich das ganze Theater ja gelohnt. Obwohl, lange genug hat es immer noch gedauert."

Gemeindepolitik
Kapitelende!

Mitwirken in

Wenn ein Kind zur Welt kommt, muss es in das Geburtenregister beim ... eingetragen werden.
3. Buchstabe

Der ... erfüllt gemeinsam mit dem Bürgermeister die Aufgaben in einer Kommune.
11. Buchstabe

 wählen

Die ... legt genau fest, was bei Wahlen zu beachten ist.
13. Buchstabe

Einige Bestandteile des Mülls wie Altpapier, Flaschen und Gläser können wieder verwendet werden. Diesen Kreislauf nennt man ...
1. Buchstabe

Einen Antrag bei der Gemeinde kann man z. B. durch eine ... unterstützen.
3. Buchstabe

der Gemeinde ...

... kann jeder. Aber wisst ihr noch, wer welche Aufgaben in der Gemeinde hat und wie alles funktioniert?

Und so geht's:
- Finde zu den Bildern und Texten den jeweiligen passenden Begriff.
- Falls es nicht gleich klappt, blättere im Kapitel zurück und lies nach.
- Wenn du die Begriffe richtig zugeordnet hast, musst du die bezeichneten Buchstaben aus dem Begriff aufschreiben, um das Lösungswort zu erhalten.
- Gesucht ist ein Ort, an dem die Gemeinde ihre Aufgaben erfüllt.

Wenn Eltern ihr Kind einschulen lassen wollen, gehen sie zum ...
4. Buchstabe

Die Stadt ist zuständig für die ... des anfallenden Abfalls.
4. Buchstabe

63

Von A bis Z

Adenauer, Konrad (1876–1967) 7, 23

Christlich Demokratische Union (CDU) 32, 34
Christlich Soziale Union (CSU) 34, 38 f.

Boulevardzeitung 44
Bündnis 90/Die Grünen 34, 38 f.
Bundeskanzler 7, 10 f., 14, 20, 23, 39
Bundespräsident 11, 23
Bundesrat 11
Bundesregierung 11, 36, 40
Bundestag 11, 14, 23, 29, 32, 34, 38 ff.
Bundesverfassungsgericht 6
Bundesversammlung 11

Demokratie 6 ff., 10, 15 ff., 22 f., 29, 32, 38, 42, 44
Demokratie, repräsentative 38
Direktmandat 38

Erststimme (Wahlen) 38

Fischer, (Joseph) Joschka (geb. 1948) 34
Föderalismus 15
Freie Demokratische Partei (FDP) 35 f., 38 f.

Gemeinde 8 ff., 50, 52, 56, 58
Gemeinderat 6, 8, 42, 52 ff.
Gemeindeverfassung 53
Gewaltenteilung 14 f.
Grundgesetz 6 f., 10, 14, 17, 20, 22 f., 38, 45
Grundrechte 22 f.
Gysi, Gregor (geb. 1948) 35

Hessen 14
Heuss, Theodor (1884–1963) 23

Koalition 38

Lobby 40

Macht 6, 10, 14
Meinungsfreiheit 20 f.
Merkel, Angela (geb. 1954) 34

Opposition 39

Parlamentarischer Rat 22
Partei des Demokratischen Sozialismus 35 f.
Parteien 8, 28 ff., 32 f., 34 ff., 38 f., 42
Parteiendemokratie 32
Pressefreiheit 44 f.
Pressezensur 21

Rathaus 50, 54 f., 57
Rechtsstaat 13 f., 32
Recycling 57

Schröder, Gerhard (geb. 1944) 34
Schulordnung 12 f.
Sozialdemokratische Partei Deutschlands (SPD) 32, 34, 36, 38 f.
Sozialistische Einheitspartei Deutschlands (SED) 35
Sozialstaat 18 f.
Staat 6, 10, 12, 14, 28, 30, 35
Staatsgewalt 6, 10, 15
Stadt- und Gemeinderat 53
Stadtrat 16

Verband 40 f.
Verfassung 6, 22, 24 f.
Volk 6, 10

Wahl 10, 38 f. 53
Westerwelle, Guido (geb. 1961) 35

Zweiter Weltkrieg 22
Zweitstimme (Wahlen) 38